我们的作为

——徐州市综合实践活动课程案例汇编

主　编◎陆　荣
副主编◎李　亮　王建军

中国矿业大学出版社
·徐州·

图书在版编目(CIP)数据

我们的作为：徐州市综合实践活动课程案例汇编／陆荣主编． — 徐州：中国矿业大学出版社，2025.4．
ISBN 978-7-5646-6746-7

Ⅰ．G632.3

中国国家版本馆 CIP 数据核字第 2025H9Y775 号

书　　名	我们的作为——徐州市综合实践活动课程案例汇编
主　　编	陆　荣
责任编辑	齐　畅
出版发行	中国矿业大学出版社有限责任公司
	（江苏省徐州市解放南路　邮编 221008）
营销热线	（0516)83885370　83884103
出版服务	（0516)83995789　83884920
网　　址	http://www.cumtp.com　E-mail：cumtpvip@cumtp.com
印　　刷	徐州中矿大印发科技有限公司
开　　本	787 mm×1092 mm　1/16　印张 17.75　字数 273 千字
版次印次	2025 年 4 月第 1 版　2025 年 4 月第 1 次印刷
定　　价	68.00 元

（图书出现印装质量问题，本社负责调换）

《我们的作为——徐州市综合实践活动课程案例汇编》编委会

主　　编	陆　荣
副 主 编	李　亮　　王建军
编写人员	陈　翠　　程　丹　　崔　亚　　高亚东
	郭丹丹　　韩　雪　　蒋颖颖　　梁慧超
	刘　鹏　　刘玉兰　　孟永正　　尚　丰
	尚小娟　　孙　露　　孙超南　　孙华璐
	孙慧敏　　吴雪莉　　闫莉萍　　张雯雯
	张颖震　　支艳秋　　周　康
组织编写	徐州市教育局

序言:我们的作为

综合实践活动课程是国家必修课程。

也许有人还不太理解国家要求必修这门课程的意义,综合实践活动课程是一门促进学生全面素养提升的课程,也是一门提升教师职业幸福的重要课程。有人说,综合实践活动课程教师总是自带光芒。确实如此!而且,这光芒将一直引领、照耀着学生人生前进的道路!

《中小学综合实践活动课程指导纲要》指出,"中小学综合实践活动课程的总目标是,学生能从个体生活、社会生活及与大自然的接触中获得丰富的实践经验,形成并逐步提升对自然、社会和自我之内在联系的整体认识,具有价值体认、责任担当、问题解决、创意物化等方面的意识和能力"。课程侧重于给孩子一个成长的经验,一个不怕困难、创意解决问题的研究思路,一个终身学习和全面发展的实践路径。与知识学科不同,它是经验课程、活动课程,是课程结构上的重大改革,是转变育人方式的重要路径。用综合实践活动课程的思维去重构知识学科的课堂,教师会发现许多惊喜。所以,该纲要规定,学校教职员工要全员参与综合实践活动课程的实施。

综合实践活动课程的学习内容看似没有限定,但实际是有要求的。它要求从孩子真实的生活情境出发,从其遇到的真实问题出发,从需要其认真完成的任务出发。真实是综合实践活动课程的生命。综合实践的活动内容就是真实的大自然,就是真实的社会生活,就是要在自然和社会中找到真实成长的"我"。所以,就内容而言,综合实践活动的场所不仅仅是学校、家庭,还要利用社会资源,走进各社会实践基地、走进各种生活场景。简单地说,就地取材,给孩子们以真实的生活,使其会生活、爱生活。因此,对于综合实践活动课程的教师而言,时时、处处、事事都能进行有意义的学习设计。

综合实践活动课程的学习过程就是活动过程,是考察探究、社会服务、设计制作、职业体验等实实在在的活动。在此过程中,学习小组是活动最有力的支撑,教师是学生最可依赖的引导者和陪同人。综合实践的活动过程也是一个研究的过程,学生只要"动"起来,就会遇到问题,进而去思考去解决。所以,研究不能仅停留于收集资料的初始学习状态,要进入调查、走访、考察、实验、体验等各种实践的"动"态,要有在此基础上讨论交流、梳理总结、后续拓展等持续的"动"。这个模式是研究的常态,也是生活的常态。倘若没有研究、没有深度的思考、没有思维的训练、没有素养的达成、没有品德的升华,则不能称其为综合实践活动课程。

综合实践活动课程的评价在引领当下学习评价的方向。兼顾结果和过程,兼顾知识技能与素养,兼顾方法和态度,兼有量化与质性评价,表现性评价、描述性评语、自评、组评、师评等都是综合实践活动课程评价关注的要点。"吾日三省吾身",综合实践评价与及时的反思紧密联系,促人成长。在综合实践课程评价里,没有咄咄逼人的"高一分干掉千人"的唯分数选拔,每一个评价设计的意图都着眼于引领提高、鼓励赞赏、问题改正,实现评价育人!当然,从另一个角度而言,综合实践活动课程也最需要评价的保障。可喜的是,新时代教育评价改革已吹响了号角,综合实践活动课程当迎来高速发展。

作为徐州市综合实践活动课程教研员,"我们的作为"就是要探索课程设计和有效实施的路径,先行一步,为教师们铺平道路,使教学改革的大部队得以顺利前行。近年来,在徐州市教育局,尤其是基教处、装备站、职社处等部门的帮助支持下,无论是培训活动的频次和方式,还是为教师和学生发展搭建的多种平台,尤其是为课程评价而设的徐州市学生综合素质评价框架和网络平台,都留下了徐州教育人为综合实践活动课程努力探索的轨迹!我们的活动从室内到户外、从校园到基地、从课题到项目,几多辛苦、几多欢喜,收获颇多,影响力渐大!

本书收录的教学设计均为徐州综合实践活动课程教师最新的原创课程案例,大都在不同层面实践过并取得好评。本书分为两个部分,分别为精彩瞬间(单节课)和项目课程(整体方案)。

对于单节课的活动设计,本书主要倾向于研讨课。固然,开展形式多样的活动对孩子们吸引力很大,但讨论作为思维训练的重要一环,也是最为吸睛和重要的。有些教师对讨论学习存在畏惧,对学生提出问题、研讨问题总感觉不可操控。但实际上,正是这种需要自然生成的讨论特性才使得课堂令人心动。在本书所选课程的实践案例中,学生表现相当精彩。他们的思辨力、创新意识和对问题的深度剖析,总是令人叹为观止。

对于项目课程(整体方案)的活动设计,本书倾向于突显学生主体的有意义、有结构的活动搭建。用项目引导,是我们整体课程设计的要求和特色。各种活动在项目任务的驱动下,层层递进,形成有意义的生活逻辑线索、研究逻辑线索。大项目中有小项目、前一个项目完成即有后续项目跟进,从而实现课程设计的螺旋式向上攀升。我们发现,项目任务更有利于鼓励学生参与,更有利于学生获得成就感,更有利于课程的持续纵深发展。

为了促进项目课程整体设计的深入发展、让学生在真正的实践中感悟、成长,近年来,徐州市教育局基教处牵头组织,共设立205家课后服务校外教育基地。我们的评审更像是一个共建活动。请看一组数字:自2023年1月10日启动校外教育基地课程评审工作至2月16日的一个多月时间,市教育局共成立7个专家组,有51位专家教师投入与基地共建课程工作,共计组织相关研讨、培训、实地考察活动105次,活动总计参与483人次,总课时数达353.5小时。对于基地课程设计,我们主张学校教师要积极介入,对活动课程把关或直接合作设计,以使基地资源能更好地为学生服务。知识需要在实践中运用,课程需要和生活发生关联,综合实践活动课程不仅是跨学科学习,更要体现生活的广袤性和现时性。这是我们坚持与基地合作的原因,也是我们后续要坚持的工作。

对于项目课程的设计,我们强调除了目标、内容、过程和评价之外,还要有背景和学习准备的设计。我们要求,背景设计中一定要明确课程出发点是真实生活中的问题或任务,教师应当在上课前检查或了解学生的学习准备(课前或上一阶段的实践作业)情况。实践证明,这对课程顺利开展发挥了非常重要的作用。

最后,感谢江苏省中小学教研室董洪亮主任和江苏省教育发展战略与政策研究所万伟所长,他们如明灯一路指引,徐州综合实践活动课程的研究工作才能如此顺利。

感谢徐州市教育局各处室,尤其是市基教处领导的大力支持,综合实践活动课程的进展离不开他们的政策引领和具体帮助。这本书能够如期出版,也是在裴洪光副处长的关心下才得以实现的。

感谢徐州市电教装备中心的李亮老师,他是我们课程研究团队的核心成员,为本书的编写付出了许多不眠之夜。

感谢不计得失、为综合实践活动课程推进而努力的一线教师们,尤其是参与本书编写的教师们,包括基地课程战线的教师们,他们精益求精、反复修改,只为了给愿意实施本课程的教师提供最好的参考。

因各种原因,在本书的编写过程中难免存在问题和错误,恳请朋友们能一一指出。

陆 荣

2024 年 11 月

目　录

序言：我们的作为　　　　　　　　　　　　　　　　　　　　/陆荣

第一部分　精彩瞬间（单节课）

案例1　种蘑菇的红领巾
　　　　——千菇园基地的讨论　　　　　　　　　　　　　　/3

案例2　交通安全记心上
　　　　——平安出行　　　　　　　　　　　　　　　　　　/9

案例3　"浇"出校园一片绿
　　　　——校园绿植浇灌方式的研讨　　　　　　　　　　　/15

案例4　逐梦蓝天　情系国防
　　　　——航空航天发展史我来讲　　　　　　　　　　　　/19

案例5　我为飞天月饼代言
　　　　——直播价格研讨　　　　　　　　　　　　　　　　/24

案例6　校史馆我来建
　　　　——资料的收集与运用　　　　　　　　　　　　　　/29

案例7　"南来徐往"小导游
　　　　——工作研讨及演练　　　　　　　　　　　　　　　/35

案例8　桑蚕文化我传承　　　　　　　　　　　　　　　　　/39

案例9　"徐州欢迎您"主题文创设计研讨　　　　　　　　　　/48

1

第二部分　项目课程(整体方案)

课程 1	小小古建师养成记	/57
课程 2	大自然　小伙伴	/67
课程 3	由画知汉　读懂徐州——《彭城汉画故事：创意拓片连环画》制作	/82
课程 4	健康"童"行者——守护"睛"彩"视"界，点亮光明未来	/103
课程 5	"薯"我不一样	/118
课程 6	水上安家"绿精灵"——水培蔬菜种植	/126
课程 7	心手"香"伴——致敬最可爱的人	/138
课程 8	塘果工坊——飞天月饼	/147
课程 9	校园里的春天——巧用植物	/162
课程 10	穿越千年的邂逅	/170
课程 11	打印一中	/185
课程 12	城市特殊生境绿化技术探究与实践	/202
课程 13	忆·寻·烹·悟——学子与荠菜的邂逅	/215
课程 14	穿越时间的永恒——领略银杏的传奇	/229
课程 15	我的"一亩三分地"	/244
课程 16	太空历险	/259

第一部分

精彩瞬间(单节课)

案例1　种蘑菇的红领巾
——千菇园基地的讨论

一、活动背景

在歌唱《采蘑菇的小姑娘》时,同学们根据兴趣对乐曲进行了改编,决定制作《种蘑菇的红领巾》音乐剧。他们计划在音乐剧中展现种蘑菇的过程以及采摘收获的快乐。他们针对蘑菇展开了激烈的探讨和辩论,提出关于蘑菇的生长环境和种植方法、镜头选取的不同问题,老师建议可以从千菇园基地中寻找答案。

今天,我们在小团长的带领下,一同走进千菇园基地,开启一次特殊的基地奇遇记!

二、活动目标

(一) 价值体认

通过参与千菇园基地活动,理解并遵守公共空间基本行为规范,并通过实际操作实现个人价值认同。

(二) 责任担当

通过对基地的寻访探索及种植操作实践活动拓展深思,在活动中培养团体协作的能力和热爱生活的态度。

(三) 问题解决

通过对基地所见所闻的讨论,提出问题,敢于质疑,对蘑菇种植方法、生长环境等问题释疑解惑,形成种植养护蘑菇的基础经验。

（四）创意物化

通过对基地的积极探访以及动手实际操作种植蘑菇，形成对音乐剧镜头的初步构想。

三、活动准备

（一）教师准备

（1）与千菇园基地联系，到千菇园基地提前考察。

（2）与学生家长提前联系，做好出行应急活动预案。

（3）要求学生小组分工完成节目预案、问题梳理。

（二）学生准备

（1）展开《种蘑菇的红领巾》音乐剧拍摄初步讨论。

（2）根据对蘑菇种类、价值等方面问题的讨论，制订团队探访计划。

（3）连线采访基地工作人员，根据基地布局分小组制订探访行动计划，完成队员探访分工。

四、活动内容

（一）走进基地

（1）到达基地，团长让学生集合。教师与基地负责人取得联系，负责人向学生介绍场地车间及安全注意事项。

（2）在规定时间内，各小组按计划前往要去探索的车间，寻找答案。

(3) 各小组集合,团长召集各组整理资料,准备小组分享。

(二) 小组分享会

1. 组一:放大镜组

将在千菇园成品展销区发现的蘑菇种类、价值等情况进行分享。

2. 组二:萌芽组

(1) 对探访大棚及大棚内种植情况进行分享。

(2) 提出问题。

问题一:蘑菇只能在大棚里种植吗？可以在家里种植吗？

问题二:在家里如何种植蘑菇？应该具备哪些条件？

各组对上述问题进行探究,小组讨论。

第三组结合本组的任务参与研讨。

3. 组三:菌菇组

对蘑菇的种植生长条件进行解答,分享蘑菇菌包备料的过程。

各小组就问题继续相互讨论,教师及基地工作人员适时予以指导、帮助。

各组长总结问题结论,学生互相补充。

(三)焦点问题研讨

团长:我们今天探访了千菇园基地,总结了蘑菇的种植方法、生长环境、养护知识以及种类价值。我们应该拍摄哪些镜头放在《种蘑菇的红领巾》音乐剧里呢?

(1)根据问题展开小组内部讨论。

(2)小组间展开讨论。

(3)教师根据学生讨论进行总结,提醒学生不要着急,可以静下心来认真思考具体内容、镜头,根据种植经验在下节课讨论制作拍摄脚本。

(4)团长布置课后任务:继续完成蘑菇菌包的种植并填写种植记录表。

(四)总评与反思

1. 团长总评

经过我们一上午的基地探访活动,大家有哪些收获呢?我们给大家准备了评价收获表,请同学们回顾经历,认真填写。

第一部分 精彩瞬间(单节课)

2. 填写评价表

活动评价表

评价要点	学生自评 (☆☆☆☆)	组员互评 (☆☆☆☆)	教师评价 (☆☆☆☆)	评价等级说明
敢于探索,细心发现新鲜事物				优秀:4颗星以上; 良好:3颗星及以下
积极参与小组合作,能够提出有价值的问题或建议				
按时完成小组探访任务				
对于音乐剧拍摄镜头的选取设计有新意				
合计	总得星数:( ) 评价等级:( )			

我的收获:

3. 教师谈感受,带领学生返程

师:老师都没想到,同学们居然这么厉害!你们在探究千菇园基地并与大家分享的过程中,展现出了你们的聪颖机智。例如,放大镜组在给我们介绍蘑菇的种类和价值时,不仅了解得很翔实,而且表述得条理清晰;萌芽组在分享时,同学们进行了大胆的质疑,敢想、敢说、敢问、敢辩的表现,是值得我们每个人学习的研究精神;菌菇组的同学在分享时还给大家带了蘑菇菌包进行实际操作。同学们的表现让我不禁想到演说家亨利所说的:我只有一盏灯,正是它照亮了我脚下的道路,它就是经验之灯。最后,让我们把掌声送给最棒的自己!

案例2 交通安全记心上
——平安出行

一、活动背景

生命健康安全,是伴随我们每个人一生的严肃话题。如何保护我们的生命安全?本学期安排了"安全护我成长"这个主题教育单元。围绕"平安出行",课前我们分小组,让学生对自己感兴趣的问题进行了研究。

今天这节课,我们就来汇报各小组的学习成果。

二、活动目标

(1) 通过对案例的分析和资料的收集,了解道路交通安全法的相关条例,自觉遵守交通法规。

(2) 通过调查、试验、讨论、情景剧、示范等方式,学会安全过马路、正确佩戴头盔等。

(3) 通过自我反思、讨论分享,做到遵纪守法、自觉遵守公共秩序,做一个文明的小学生。

(4) 通过案例分析,积极探索,初步体验生命的可贵,树立安全意识,提高自我保护的能力。

三、活动准备

(一) 教师准备

(1) 了解三年级学生对交通安全知识的学习程度,调查学生已掌握的交通出行技能。

(2)收集日常生活中基本的交通出行知识及法律法规。

(3)做好"平安出行"学习探究的分工安排,督促学生做好自主学习探究。

(二)学生准备

(1)调查自己生活中可能出现的交通问题,如:过马路的方式、与大车同行的危害、安全头盔的佩戴等。

(2)通过向交通管理部门咨询、网络资料查询等方式了解交通事故,初步分析事故发生的原因,学习基本的交通出行技能。

(3)分工完成交通安全出行探究任务表,做好学习分享交流准备。

四、活动过程

(一)主题学习背景及任务安排

(1)简短介绍孩子们自主学习情况。

(2)出示各小组的学习任务,请各小组分别汇报。

交通安全出行探究任务表

项目	组别	任务分工
一、安全过马路	第一组	认识过马路的交通设施
	第二组	调查错误的过马路行为
	第三组	探讨绿灯还有5秒钟,能否过马路
	第四组	没有交通标志的道路,如何过马路
二、警惕大车内轮差	第五组	了解大车内轮差的危害
三、安全佩戴头盔	第六组	了解为什么骑乘时要佩戴头盔
	第七组	了解如何正确佩戴头盔

(二)学生分享学习过程

1. 安全过马路

(1)资料收集汇报:认识过马路的交通设施。

① 小组同学展示课前调查的各种过马路的交通设施,简单阐述其作用。

② 出示"花式"斑马线,通过小组探讨发现,交通设计者设计的初衷是提醒行人走斑马线过马路,提醒机动车司机"礼让行人",以保障行人安全过马路。

③ 小组汇报完毕,请其他组同学就本组研究问题进行提问,小组成员给予回答,其他小组成员也可以帮忙补充。

(2) 调查展示汇报:调查错误的过马路行为。

① 小组同学展示课前调查的各种错误的过马路行为,并阐述可能引起的危险后果。

② 小组汇报完毕,请其他组同学就本组研究问题进行提问,小组成员给予回答,其他小组成员也可以帮忙补充。

(3) 探讨交流汇报:探讨绿灯还有 5 秒钟,能否过马路。

① 由于小组成员没有统一意见,决定将此问题在全班展开讨论。各小组讨论 5 秒钟能否通过人行横道,并说明各自的理由,提醒学生保障人身安全,提高交通安全意识。

②小组汇报完毕,请其他组同学就本组研究问题进行提问,小组成员给予回答,其他小组成员也可以帮忙补充。

(4)情景剧汇报:没有交通标志的道路,如何过马路。

①小组以情景剧的形式与同学们分享,在没有交通标志的路口过马路时,要做到"一站二看三通过",同时普及相关交通法律知识。

②小组汇报完毕,请其他组同学就本组研究问题进行提问,小组成员给予回答,其他小组成员也可以帮忙补充。

2. 警惕大车内轮差

小品剧汇报:了解大车内轮差的危害。

(1)通过错误示范,引导学生了解大车内轮车差的危害,保护自身生命安全。劝阻家人骑乘时做到不与大车同行,不越线停车,远离大车。

(2)小组汇报完毕,请其他组同学就本组研究问题进行提问,小组成员给予回答,其他小组成员也可以帮忙补充。

3. 安全佩戴头盔

(1) 资料收集汇报:了解为什么骑乘时要佩戴头盔。

① 小组在班级内开展家庭电动车情况调查,探讨为什么不愿意戴头盔。通过法律条文学习、交警视频讲解,让大家知道戴头盔的重要性。

② 小组汇报完毕,请其他组同学就本组研究问题进行提问,小组成员给予回答,其他小组成员也可以帮忙补充。

(2) 实地学习汇报:了解如何正确佩戴头盔。

① 头盔佩戴实验,引导同学们学习如何正确佩戴头盔,小组间互相学习。

② 小组汇报完毕,请其他组同学就本组研究问题进行提问,小组成员给予回答,其他小组成员也可以帮忙补充。

4．交通安全知识闯关大比赛

知识总结，游戏闯关，儿歌展示。

5．各小组完成本节课学习评价表

完成学习评价表。评价等级：1～5颗星。教师评是针对各小组的表现进行整体评价。

活动评价表

本小组的成员：			
你认为表现最好的小组成员是谁？写下他/她的名字：			
评价要点	自评	互评	教师评
准备充分 （小组合作完成学习任务情况）			
认真倾听，勇于展示自我			
了解交通标志，学会安全过马路			
掌握正确佩戴头盔的方法			
了解相关交通法规，学法守法，树立生命健康安全意识，提高自我保护能力			
合计（总得星数）			
我的收获与感受：			

五、课堂总结

课前每个小组都做了充分的准备，通力合作。课上大家大胆表达，认真倾听，互相尊重，勇提问、敢质疑，老师要为每一个同学都竖起大拇指！

交通安全联系着千家万户，关系到我们每一位同学的生命安全。我们从小就应该学习安全知识，自觉遵守交通规则，每天高高兴兴出门去，平平安安回家来。让交通安全常记心上！

案例3 "浇"出校园一片绿
——校园绿植浇灌方式的研讨

一、活动背景

大马路小学的同学们听说太行路小学阡陌园里的种植情况不佳,特意寄来了自制的浇灌器,建议同学们推广使用一下。浇灌器有没有必要用?友校同学制作的浇灌器好不好用?要不要采用自动的喷淋系统?

为了解决这些问题,五年级一班的同学成立了新绿小分队,分别做了一些研究工作。今天,我们聚在一起,围绕着浇灌器的使用进行深入的研讨。

二、活动目标

(1) 通过课前实践作业的汇报、交流活动增强环保意识,认识到校园一片绿的意义。

(2) 通过对阡陌园绿植浇灌方式的认真思考和热烈研讨,强化校园主人翁意识。

(3) 通过对比、分析各种浇灌方式的优缺点,选择最优的校园绿植浇灌方式,培养多种思维能力和问题解决策略。

(4) 针对阡陌园绿植的实际情况,提出有创意的解决方案。

三、活动准备

(一) 教师准备

(1) 了解主要的浇灌方式的原理以及适用范围,了解安装、投入使用的成本和场地要求。

(2) 到阡陌园实地考察,了解浇灌的现状及遇到的问题。

(3) 教师指导学生分工合作,完成课前实践作业。

① 第一组任务:阡陌园是否需要用浇灌器改变现状?

② 第二组任务:在电商平台上主流的浇灌设施有哪些?它们的优缺点是什么?

③ 第三组任务:自动喷灌系统和自制浇灌器哪个更好用?

④ 第四组任务:大马路小学提供的浇灌器能否直接使用?

(4) 教师对实践作业进行检查,做好本课教学预设。

(二) 学生准备

(1) 分工完成上述课前作业。

(2) 对实践中发现的问题或产生的困惑进行课前上报。

四、活动过程

(一) 工作汇报

(1) 播放学生前期活动视频。

(2) 由新绿小分队的队长介绍本课背景。

(3) 根据前期任务分工,各组对本组负责设计校园浇灌的研究进行汇报。

各小组分工

组名	实践分工
新绿一组	阡陌园的浇灌及种植基本情况调研
新绿二组	电商平台上浇灌设备的比较
新绿三组	自动喷淋系统和自制浇灌器的选择
新绿四组	大马路小学自制浇灌器的使用反馈

(二) 问题发现

(1) 新绿三组的学生在课前作业汇报时发现自动喷淋系统和自制浇灌

器难以选择,现决定将该问题作为本次会议的主要研讨内容。

问题:对于自动喷淋系统和自制浇灌器,我们应该选择哪一种?为什么选择这种浇灌方式?

小队长提醒:根据前期调查,结合阡陌园种植的植物、各班土地范围、现有安装条件等特点确定浇灌方式。

教师建议:综合分析两种浇灌方式的优缺点,选择最利于当下种植园的浇灌方式。

小组讨论时间:5分钟。

讨论结束后,小组依次介绍本组选择的浇灌方式,并说明选择依据。

小组间对方案的疑惑进行提问,互相答疑点评。

教师根据学生的具体表现进行指导、点评,确定最终的浇灌方式或提出继续研讨的建议。对学生讨论的点评要点有:是否对学校绿化有主人翁意识;是否基于实践和种植园基本情况,从实际出发考虑问题;是否考量两种方案的优缺点,权衡比较。

(2)新绿四组继续汇报。

感谢友校给我们的支持,根据我们的测试,现在汇报如下。我们对大马路小学提供的这款浇灌器进行了实地测验,发现了很多优点……所以,我们认为可以基于阡陌园的特点进行改进设计。

(3)新绿小分队队长总结活动:从基于实际、解决问题、乐于助人、守护学校等角度点评,感谢四组为大家做了试用分析报告。(如有不足,请教师补充。)

(4)教师小结及点评:引导学生开展评价,谈谈自己的收获。

五、评价和反思

(1)完成评价表,进行反思。

活动评价表

评价要点	学生自评（☆☆☆）	组员互评（☆☆☆）	教师评价（☆☆☆）	评价等级说明
较好地完成本组作业汇报				优秀:总得星数为36颗及以上;
认真听,会合作,敢于提出不同的观点				良好:总得星数为27~36颗;
能结合实际对比分析优缺点,对选择最优方案有策略				合格:总得星数为18~27颗;
热爱校园,能以主人翁姿态研讨				不合格:总得星数为18颗以下
环保意识和能力都有提高				
合计				总得星数:（　　） 评价等级:（　　）

我的收获：

（2）用一句话说一说自己的收获和感受,如参加实践活动的感受、对种植园的重新认识、对浇灌方式的认识、对互助合作探究学习的表现反思等。

（3）教师谈感受。

师:同学们的合作探究学习和实践能力给我带来了震撼,你们的表现甚至比大人还要好。同学们搞调查、去对比、做实验,为守护校园一片绿而努力,老师为你们的责任心和研究力点赞。看到同学们那么热爱学习,老师很受鼓舞。我想把这样的学习实践模式继续开展下去,同学们愿意支持老师吗？希望这节课后同学们能继续完成后续的任务,浇出太行路小学的一片绿！

案例4　逐梦蓝天　情系国防
——航空航天发展史我来讲

一、活动主题

研究中国航空发展史。

二、活动目标

（1）学生能运用多种信息收集方法，如运用网络搜索、书籍查阅、影像观看、专家咨询等方式查阅资料。

（2）学生基本了解中国航空航天发展史进程。

（3）学生能积极和同伴合作，从多角度思考问题。

（4）学生学会以思维导图、鱼骨图、表格等形式总结知识点，绘制发展大事记脉络图。

（5）学生能够以"小小解说员"的身份，流利大方地向同伴介绍我国航空航天领域取得的世界瞩目的成绩，感受祖国航空航天事业的艰辛，并形成对祖国和民族的自豪感。

三、活动过程

（1）教官谈话引入。

各位小机长，在查阅资料后，我们进一步了解了咱们国家航空航天发展的情况，那大家知道不知道我们为什么要了解中国的航空航天发展史呢？

（2）小组讨论：为什么要了解中国航空航天发展史？

记录想法。

各小组汇报、交流自己小组的想法。

(3) 收集资料。

① 网络搜索。

同学们,咱们将以史为鉴面向未来,切身感受中国航空航天发展的艰辛和作为一名中国机长的自豪。如果想了解历史,我们可以用哪些方法呢?谁来说一说你平时都是怎么做的?

学生思考交流。

如果我们想了解中国航空航天发展史,可以通过网络搜索相关的史实。我们应该搜索哪些关键字呢?我们应该怎么留存下来?请各小组将搜索关键字记录下来。

资料记录

关键字:

相关史实:

学生分组汇报:通过关键字,学生搜索到很多有用的网页。学生将包含有用信息的网页收藏、截图或者复制到 word 文档中。

② 书籍、影像资料查阅。

我们还可以找到好多关于航空航天领域的书籍、影像资料,应该怎样快速筛选呢?

学生讨论、汇报:在书中,可以通过关键字选择对应章节,并用书签或者时间戳标记好。

(4) 整理总结,绘制完成中国航空航天发展脉络图。

我们收集了好多关于中国航空航天发展的资料,怎么介绍才能让别人快速地了解中国航空航天发展的历程呢?

学生讨论做法。

我们从繁多的资料中迅速筛选关键资料,一般情况下会用表格、鱼骨图、思维导图等形式将筛选的信息进行整理总结。下面有一些鱼骨图、思维导图的模板,各小组可以发挥自己的想象力,使用并丰富、完善它们,制作属于自己小组的航空航天发展史鱼骨图、思维导图等,然后介绍给其他小组。

中国航空航天发展情况表模板

序号	时间	事件	意义

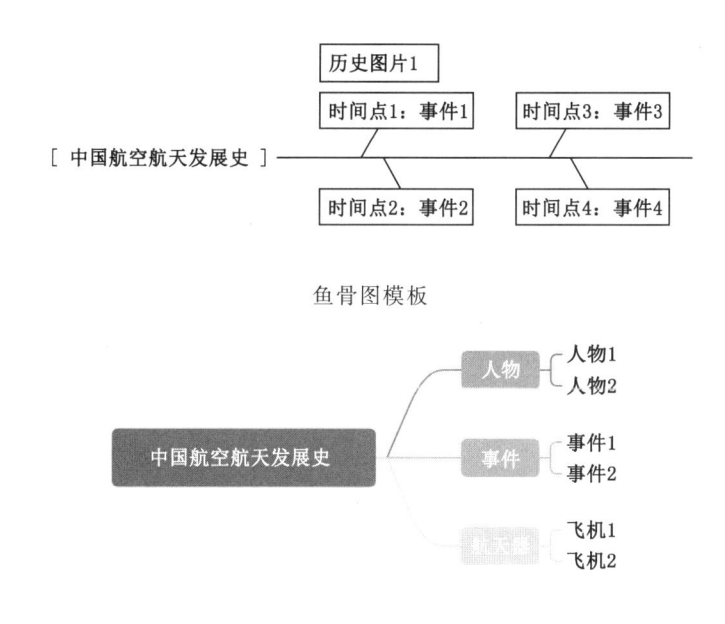

鱼骨图模板

思维导图模板

（5）组内同学采取头脑风暴的方式互相补充完善。

（6）组内讨论,小小解说员结合各组绘制的中国航空航天发展情况表和图例讲解自己的认识。

要求:要结合上一主题活动世界航空航天发展脉络图,对比国内外差距,各组其他人员可以互为补充。

讲解过程评价表

评价要点	具体内容	打星得分	综合评价
肢体语言	仪容整洁		
	仪表端正		
	表情自然,落落大方		
	保持与听众目光接触		
	有效使用肢体语言		
语言	表达清楚准确、用词得当		
	避免不必要的重复		
	用完整的语句表达思想		
	信息表达条理清晰		
	总结简明扼要		
声音	声调稳定,发音标准		
	变化音调,以强调说话的重点		
	声音洪亮,使后排观众能够听清楚		
内容	选择素材切合主题		
	交流分享形式多样		
	素材分享量: 1~2条(得1颗星) 3~5条(得2颗星) 6条及6条以上(得3颗星)		
总分	0~9颗星:待合格 10~14颗星:良好 14~18颗星:优秀		

(7) 各小组汇报,其他小组进行评价。

学习结果评价表

评价要点	具体内容	打星得分	综合评价
收集资料	能够通过网络搜索、查阅书籍、访问专家等多渠道收集资料		
整理总结	能够利用表格、鱼骨图、思维导图等快速梳理知识点		
基本进程	能够掌握我国航空航天发展的基本脉络		
小小讲解员	能够按照讲解员的讲解要求,自然得体地讲解我国航空航天发展大事记		

在中国航空航天发展史的学习中,我成功的经验:

在中国航空航天发展史的学习中,我的不足及反思:

（8）说一说:我国航空航天会取得世界瞩目成绩的原因。小组讨论后,记录下自己的想法。

各组选出代表轮流做简要说明。

（9）拓展活动:回家后我们要向小伙伴或家庭成员介绍我国航空航天事业发展的艰辛。

案例5 我为飞天月饼代言
——直播价格研讨

一、活动背景

徐州市第二十六中学的校园直播站开业了。开业第一单是苏塘中学塘果工坊的飞天月饼,同学们在设计直播脚本时对飞天月饼的销售价格出现了争议。

今天,校园直播站的同学们聚在一起,讨论飞天月饼在直播时的销售价格。

二、活动目标

(一)价值体认
学生通过采访、资料收集,增强对克服困难的自我价值认同。

(二)责任担当
通过探讨塘果工坊的销售策略,学生养成乐于助人的品质和关爱他人的责任感。

(三)问题解决
通过对飞天月饼价格的讨论,及时提出问题,并在讨论中解决问题,制定合理的销售价格。

(四)创意物化
通过对飞天月饼的模拟直播销售,积极探索,形成针对塘果工坊飞天月饼的销售策略。

三、活动准备

（一）教师准备

（1）对月饼的销售价格进行调查，研究并熟悉直播的过程及特点。

（2）到苏塘中学塘果工坊进行实地考察，了解塘果工坊的发展与飞天月饼的制作。

（3）要求学生分工完成飞天月饼直播方案的初步设计。

（二）学生准备

（1）了解直播的过程及特点；调查几家较受欢迎的甜品店，了解不同种类月饼的定价以及人工费用。

（2）连线采访塘果工坊的同学们，了解飞天月饼的成本价格，了解塘果工坊的发展情况与飞天月饼命名的由来。

（3）分工完成飞天月饼的直播设计（具体内容见活动过程中的表格），做好交流准备。

四、活动过程

（1）工作汇报。

校园直播站站长（学生）引导前期回顾。

① 播放学生前期活动视频短片。

校园直播站成立——塘果工坊的同学们制作月饼的情形——直播站同学学习、设计工作——直播站同学和塘果工坊的同学们进行交流。

② 介绍本课背景。

③ 请一组同学(前期学习较好的小组)展示直播流程图的研究结果,确认校园直播站的直播模式。

④ 根据前期任务分工,各组对本组负责设计的飞天月饼营销内容做汇报。

营销分工方案

组名	营销分工
飞天一组	飞天月饼的基本情况
飞天二组	飞天月饼的价格
飞天三组	飞天月饼的氛围设计——情景剧
飞天四组	飞天月饼的氛围设计——才艺

(2) 问题发现。

学生在任务汇报中发现飞天二组的"飞天月饼的价格"这一问题很难解决,决定将该问题作为本次会议的主要研讨内容。

问题一:飞天月饼价格定多少? 为什么这么定价?

① 根据前期调查,各小组粗略计算出不同口味、不同包装的飞天月饼的成本价格,并讨论制定直播销售价格。

教师建议:可根据所了解的直播模式以及飞天月饼的故事进行定价。

要求:讨论时间为 5 分钟;讨论结束后,小组将制定的销售价格依次展示。

② 小组依次对本组的月饼销售定价进行说明与相互答疑。

要求：每组对本组的定价依据进行说明；小组间对定价的疑惑进行提问，相互答疑。

教师根据学生的具体表现进行指导，确定飞天月饼的最终直播价格。

问题二：怎么推销？

① 视频播放飞天三组及飞天四组的氛围设计。

② 学生讨论视频中的设计是否能使消费者产生购买欲望，并指出问题所在。

教师根据学生具体表现，进一步指导如何在直播间营造氛围。建议学生通过展示塘果工坊飞天月饼的特点、文化内涵等，成功销售飞天月饼。

（3）学生小组再次进行设计。

（4）主持人选择一组进行展示，教师小结及点评。

五、评价与反思

(1) 填写活动评价表,进行反思。

活动评价表

评价要点	学生自评 ☆☆☆☆☆	组员互评 ☆☆☆☆☆	教师评价 ☆☆☆☆☆	评价等级说明
能够认真倾听,勇于展示自我				优秀:总得星数为60颗及以上;
敢于质疑,提出有价值的问题				
能够反思本组设计中的问题,并改进				良好:总得星数为35~59颗;
对本组直播策划的深度理解				合格:总得星数为30~34颗;
能够合作完成飞天月饼的直播设计任务				不合格:总得星数为34颗以下
合计	总得星数:( ) 评价等级:( )			

我的收获:

(2) 说说自己本次学习的收获或感受。

(3) 教师谈感受。

师:塘果工坊是徐州第一个学生糕点坊。苏塘中学的同学们常常用自己休息的时间去完成一个又一个的任务和挑战,他们都竭尽全力地守护塘果工坊。因为在那里,他们可以尽情地探索,可以享受成功的体验,可以交到知心的朋友,可以感受家的温暖。我们也和他们一样,要守护我们的综合实践课,珍惜参与的每一个项目!

案例6 校史馆我来建
——资料的收集与运用

一、活动背景

徐州市第三十五中学拟重建校史馆,此项工作将由"校史馆筹备组"的同学统筹完成。国庆节前,筹备组向全校同学布置了特殊的实践作业:收集建设校史馆的资料。国庆节假期,同学们收集资料,访谈退休和在职教师,实地参观考察其他学校校史馆,并访谈建馆专家。

今天,同学们聚集在一起,召开筹备组例会:展示"作业",分享经验和感受,尝试微场馆搭建并研讨下一步工作。

二、活动目标

(一)价值体认

通过展示收集到的校史馆资料、分享经验及搭建微场馆等活动,认同通过克服困难取得成果的自我价值。

(二)责任担当

通过找资料、用资料等的探讨,增强对学校的热爱和主人翁责任感。

（三）问题解决

通过对资料收集方法、资料运用的研讨，培养多渠道、创造性解决问题的能力。

（四）创意物化

通过学习研讨、交流合作，完成有创意的校史馆微场景搭建。

三、活动准备

（一）教师准备

（1）了解和收集校史馆资料，学习建馆方法和技巧，向历史老师请教校史编写思路。

（2）布置学生进行收集校史馆资料、搭建微场馆等工作，并适当给予指导。

（二）学生准备

（1）收集建设校史馆的资料；到其他学校校史馆实地考察、访谈在职和退休教师。

（2）分组制作汇报 PPT。

四、活动过程

（一）课间学习

（1）筹备组同学在展台交流、欣赏各组收集的资料，如照片、视频、文稿、书信、书籍、字画、报纸、校徽、校旗、纪念品、访谈故事、老建筑复原资料等。

（2）主持人（学生）宣布开会，学生快速就坐。

(二) 主持人主持会议研讨

1. 介绍此次筹备组例会的背景

2023年徐州市第三十五中学迎来七十五周年校庆,拟易址重建校史馆,学生筹备组参与建设活动。

筹备组面临亟待解决的问题:建馆历史久远、原址漏水、资料损毁等造成的资料不足。

目前已完成的工作:校史馆选址(学校领导负责);陈列提纲设计的征集和评选(学生筹备组负责);国庆节前发出征集令,动员全体学生国庆假期收集资料。

2. 就资料收集工作展开研讨

(1) 议题一:找到的是什么资料?

① 各组依次简要介绍收集到的资料。

② 请教师分享其为校史馆收集资料所做的工作,介绍学校的辉煌历史。

议题一：找到的是什么资料？

师：接受这项工作后主要是利用媒体发出公告,然后实地走访、网络联系退休老师,接受校友慷慨捐赠,到 7788 收藏网购买,到学校学籍室、徐州档案馆查找资料,用 2 年的时间汇编了 100 页的 PPT 来记录校史。

（2）议题二：资料是如何找到的？

① 主持人明确各组汇报要求：介绍收集过程、策略,分享参与感想。

② 各组依次发言。

a. 风雨无阻组："社牛"向陌生人寻找资料,受挫体会；坚持、实践的重要性。

b. 树懒小组：通过网络找寻资料,策略为：先分类（社交软件、娱乐软件、浏览器、新闻阅读、购物软件等）,再分工,最后汇总。体会是要有分类思想、

发散思维。

c. 欢迎光临组：以亲人为线索收集校史资料，体会自豪感、使命感。

d. 二元一次方程组：访谈在职的张尊浩老师（坚持编写《汉韵》校刊20年）；访谈退休教师李铁城（82岁老人义务整理校史，自费租房存放资料），想建纪传体校史馆，记录普通人的成就。访谈离休干部陈平老师（提供部分资料后于10月2日去世），非常遗憾，提醒大家资料收集保存工作要及时。

e. J·F办公室组：补充说明、提出建议：创新思维、精神传承等。

主持人肯定大家的付出，指出资料的珍贵价值，提出要用好来之不易的资料。

（3）议题三：资料计划怎么用？——微场景搭建。

① 学生组内讨论。教师到各组辅导。

② 主持人组织各组展示、交流。

a. J·F办公室：介绍名字由来，展示网上校史馆的"戴森球"游戏创意。游戏是外显，实质是增强校史馆吸引力、趣味性。

b. 风雨无阻组：以纪传体（人物、事件）的方式设计绘制校史馆三层楼图纸。

c. 树懒小组：按编年体设计校史馆陈列。

d. 二元一次方程组：整合前两组成果，以昨天、今天、明天为各层主题设计。

e. 欢迎光临组：完善校史馆后期服务工作。服务参观者：拟成立讲解员组（培训、了解更多校史、轮值）和礼仪社（引导员、形象大使）。服务校史馆运行，增加收入：文创产品研发，人机互动体验……

3. 教师小结

(1) 评价与反思。

填写评价表,对自己和小组参与活动情况进行反思总结。

① 自我评价星星亮。

自我评价表

评价内容	评价星级
主动交流展示	☆☆☆☆☆
认真倾听他人发言	☆☆☆☆☆
积极参与小组讨论	☆☆☆☆☆
资料收集任务完成情况	☆☆☆☆☆
微场景搭建有创意	☆☆☆☆☆

② 小组评价连连看。

小组评价结果

评价结果	组别
收集最为努力	第一组
合作最是给力	第二组
表达最有特点	第三组
建议最为可行	第四组
成果最有创意	第五组

欢迎添加更多的评价标准、发现更多的亮点。

(2) 成长感受说说看。

请说说自己本课及前期活动的学习收获及感受,也可谈谈对校史馆建设及对综合实践活动课程等方面的认识。

(3) 教师分享感受。

师:我们不仅是学校历史的挖掘者,也是今日学校发展的见证者,更是明天辉煌的创造者。我们已经成为校史的一部分。

案例7 "南来徐往"小导游
——工作研讨及演练

一、活动背景

暑假将至,徐州市潇湘路学校的同学们计划去南京旅游。为了带来更好的旅游体验,同学们联系了南京市十二中的同学们承担地接导游工作。在准备过程中,南京市十二中的同学们发现导游工作复杂又细致,因为缺乏相关的组织经验,方案仍有诸多不足之处。

今天,导游团队的同学们聚在一起,研讨南京旅游方案。

二、活动目标

(一)价值体认

通过资料收集、走访采访等,增进热爱家乡的情感,增强对克服困难的自我价值认同,提升自信心。

(二)责任担当

通过制订游览计划,探讨出行注意事项,体会导游职业的艰辛与快乐,树立正确的劳动观,增强关爱他人、服务社会的责任感。

（三）问题解决

通过对导游带队中各种问题处理办法的讨论,及时提出问题,并在讨论中解决问题,为带队游玩做好充分的准备工作。

（四）创意物化

通过模拟演练应对旅途中的突发事件,积极探索,形成一份南京游玩攻略。

三、活动准备

（一）教师准备

（1）采访旅行社的工作人员,充分了解旅行策划的注意事项,研究并熟悉导游的工作特点。

（2）到南京各旅游景点进行实地考察,了解热门景点概况。

（3）要求学生分工完成旅游方案的初步设计。

（二）学生准备

（1）采访有经验的导游,了解导游工作及其特点,收集并整理导游建议。

（2）实地考察南京各个旅游景点,了解景区周边的交通、食宿等情况。

（3）分工完成旅游方案制定,做好交流准备。

四、活动过程

（一）工作汇报——我们的方案展示

学生主持人引导前期回顾。

(1) 介绍本课背景。

(2) 南京的同学们根据前期任务分工，由小组代表汇报导游方案。

任务分工

组名	分工
一组	路线规划及人员分工
二组	交通、食宿等安排
三组	景点介绍
四组	旅途中应急处理预案

（二）方案研讨——我们的方案是否可行

(1) 徐州的同学针对南京的同学制订的旅游计划提出自己的疑问及需求。例如：行程的具体时间安排，交通方式，景点的概况，一些突发情况的预案等。

(2) 南京的同学对徐州的同学提出的问题予以解答。

(3) 徐州的同学分享设计的徐州旅游方案，借助经验的交流与分享明确自己的旅游需求，并向南京的同学发出诚挚邀请。

(4)南京的同学对旅游方案进行再思考、再研讨、再完善。

(三)工作演练——我们的方案实施

现场模拟旅游场景,同学们合作演练不同场景中的不同问题的应对方法。

五、评价与反思

(1)填写活动评价表,进行反思。

活动评价表

评价要点	学生自评 ☆☆☆☆☆	组员互评 ☆☆☆☆☆	教师评价 ☆☆☆☆☆	评价等级说明
能够认真倾听,勇于展示自我				优秀:总得星数为60颗及以上;
敢于质疑,提出有价值的问题				良好:总得星数为35~59颗;
能够发现、反思本组旅游方案中的问题,并改进				合格:总得星数为30~34颗;
能够创造性地解决旅游过程中的突发问题				不合格:总得星数为34颗以下
能够合作完成旅游方案				
合计	总得星数:( ) 评价等级:( )			

我的收获:

(2)说说自己本次学习的收获或感受。可以谈一谈对家乡文化的了解、对导游职业的认识和体会、对和同伴合作与学习的感受等。

(3)教师谈感受。

案例8　桑蚕文化我传承

一、活动背景

桑蚕文化是中国古代农耕文明的重要部分,徐州桑蚕文化博物馆、解忧公主纪念馆与解忧故里蚕桑文化生态园拥有丰富的桑蚕文化教育资源。

通过参观桑蚕基地和文化馆、体验桑蚕技艺、制作桑蚕工艺品、我是小小讲解等活动,深入学习和研究桑蚕文化,增强振兴中华优秀文化产业的责任意识。

二、活动目标

(1) 在参观、体验、制作、义卖、讲解等过程中体会劳动的艰辛和快乐。

(2) 通过评比、竞赛和展示等形式,形成劳动效率意识、劳动质量意识。

(3) 体验剥茧开绵和蚕茧工艺品制作等劳动过程,体会其中蕴含的独特智慧和人类创造力。

(4) 通过评选志愿者、举行义卖、我是小小讲解员等活动,初步形成传承非遗文化意识和社会责任感。

三、活动纲要

桑蚕方面可研究内容非常丰富,教师带领学生根据研究内容,设置基地研学、分组项目研究、我是小小讲解员、评选桑蚕技艺传承志愿者、校园展、校园义卖等活动。

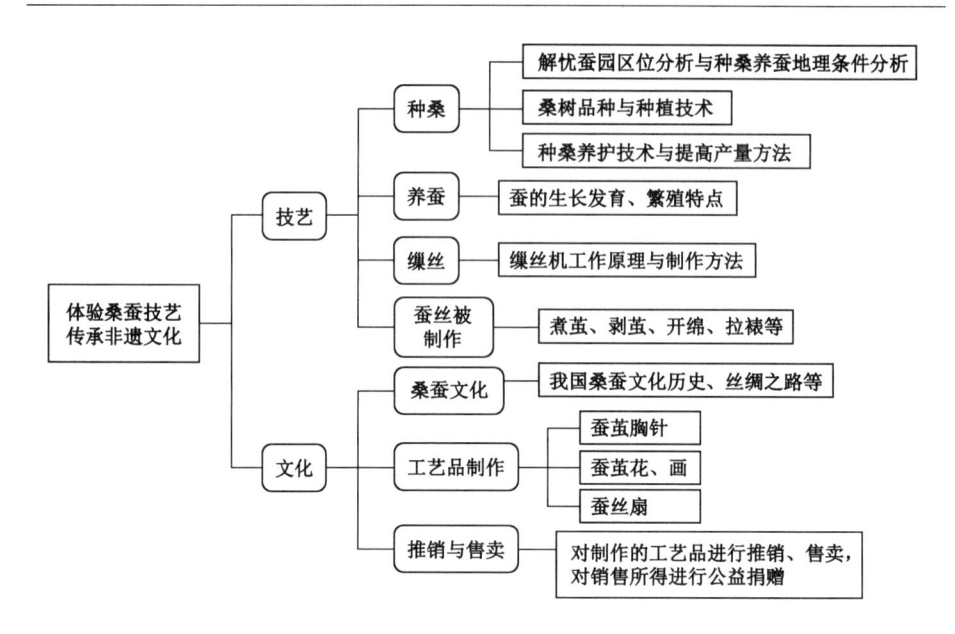

```
                    ┌─────┬─ 种桑 ─┬─ 解忧蚕园区位分析与种桑养蚕地理条件分析
                    │     │        ├─ 桑树品种与种植技术
                    │     │        └─ 种桑养护技术与提高产量方法
                    │ 技艺├─ 养蚕 ── 蚕的生长发育、繁殖特点
体验桑蚕技艺 ───────┤     ├─ 缫丝 ── 缫丝机工作原理与制作方法
传承非遗文化        │     └─ 蚕丝被
                    │        制作 ── 煮茧、剥茧、开绵、拉袂等
                    │     ┌─ 桑蚕文化 ── 我国桑蚕文化历史、丝绸之路等
                    │     │             ┌─ 蚕茧胸针
                    │ 文化├─ 工艺品制作 ├─ 蚕茧花、画
                    │     │             └─ 蚕丝扇
                    │     └─ 推销与售卖 ── 对制作的工艺品进行推销、售卖，
                    │                       对销售所得进行公益捐赠
```

"体验桑蚕技艺，传承非遗文化"研究内容

四、活动过程

（一）活动一：基地研学

1. 人员分工

主持人、评审团、记分员、摄影组、参赛小组等。

2. 参观解忧故里蚕桑文化生态园

了解解忧故里的由来、蚕的传说、我国桑蚕文化和习俗、种桑养蚕方法、桑基鱼塘生态学原理，研究桑树各品种特点，体验桑葚采摘乐趣等。

3. 参观徐州桑蚕文化博物馆

了解我国陆上丝绸之路和海上丝绸之路的路线与意义，知道蚕的发育过程、种桑养蚕技术的发展过程等。

4. 参观解忧公主纪念馆

了解解忧公主的历史、徐州桑蚕发展历史等。

5. 参观黛梦雅蚕丝被产业园

参观、体验蚕丝被的制作过程，了解相关注意事项等。

(二)活动二:选拔桑蚕技艺传承志愿者

1. 研讨比赛项目和评分标准

(1)所有同学研讨比赛项目,最终确定开展剥茧开绵和制作工艺品两项比赛。

(2)评审团同学研讨评分标准。

剥茧开绵评分项目及标准

评分项目及分值		评分标准			
活动前 (10分)	流程熟悉程度 (5分)	非常熟悉 (5分)	知道大概流程和注意事项 (3~4分)	知道大概流程,不清楚注意事项 (1~2分)	一点不了解 (0分)
	对分工和责任的了解情况 (5分)	非常明确 (5分)	知道大概分工和任务 (3~4分)	知道分工,但不清楚任务 (1~2分)	无分工 (0分)
活动中 (25分)	参与程度 (5分)	非常积极 (5分)	比较积极,组员都参与 (3~4分)	不够积极,有组员未参与 (1~2分)	不积极 (0分)
	解决难题的情况 (5分)	能快速解决难题 (5分)	能寻求帮助以快速解决难题 (3~4分)	未主动寻求帮助,非常艰难地解决难题 (1~2分)	没有解决难题 (0分)
	劳动效率 (5分)	动作非常流畅,效率高 (5分)	动作较流畅,效率较高 (3~4分)	动作不流畅,效率低 (1~2分)	未完成任务 (0分)
	回答问题的情况 (10分)	真实准确、打动人心 (9~10分)	较真实准确、较打动人心 (6~8分)	不太真实准确,不能打动人心 (1~5分)	不能回答提问 (0分)

续表

评分项目及分值		评分标准			
活动成果（15分）	开绵情况（10分）	均匀,无破损（9~10分）	比较均匀,轻微破损（6~8分）	不太均匀,破损较严重（3~5分）	破损严重（0~2分）
	绵兜情况（5分）	干净无杂质（5分）	有少量杂质（3~4分）	杂质较多（2分）	杂质非常多（0~1分）

蚕茧工艺品制作评分项目及标准

评分项目及分值		评分标准			
活动前（10分）	流程熟悉程度（5分）	非常熟悉（5分）	知道大概流程和注意事项（3~4分）	知道大概流程,不清楚注意事项（1~2分）	一点不了解（0分）
	对分工和责任的了解情况（5分）	非常明确（5分）	知道大概分工和任务（3~4分）	知道分工,但不清楚任务（1~2分）	无分工（0分）
活动中（20分）	参与程度（5分）	非常积极（5分）	比较积极,组员都参与（3~4分）	不够积极,有组员未参与（1~2分）	不积极（0分）
	节约材料意识（5分）	非常节约（5分）	较节约,轻微浪费（3~4分）	浪费比较严重（1~2分）	非常浪费（0分）
	卫生保持意识（5分）	干净整洁（5分）	比较干净整洁（3~4分）	不够干净整洁（1~2分）	非常脏乱（0分）
	劳动效率（5分）	动作非常流畅,效率高（5分）	动作较流畅,效率较高（3~4分）	动作不流畅,效率低（1~2分）	未完成任务（0分）

续表

评分项目及分值		评分标准			
活动成果（20分）	作品制作情况（10分）	精美,无瑕疵（9～10分）	比较精美,轻微瑕疵（6～8分）	不太精美,瑕疵较严重（3～5分）	非常粗糙（0～2分）
	展示和介绍作品情况（10分）	展示大方,介绍清晰（9～10分）	能展示,介绍较清晰（6～8分）	能展示,介绍不够清晰（3～5分）	不能完整地介绍（0～2分）

（3）评审团研讨必答环节问题。

（4）主持人确定主持稿。

2．比赛过程

（1）比赛一：体验桑蚕技艺。

① 主持人宣读评审团评分标准。

② 请陈厂长给同学们讲解蚕丝被制作过程和剥茧开绵的注意事项。学生提问,陈厂长解答。

③ 学生小组合作,剥茧开绵,评审团观看,并对各小组进行提问和打分,完成组举手示意。

④ 各小组按照完成先后顺序,抽签回答问题,专家、老师可提1～2个问题,评审团进行打分并宣读第一环节各组得分情况。

（2）比赛二：传承非遗文化。

① 小组根据材料,讨论设计思路（2分钟）。

② 评审团观看,专家老师可对每组提出1～2个问题。

③ 按照完成顺序,小组派代表上台介绍自己的创作思路,展示作品。评审团亮分,宣读第二环节各小组得分情况。

④ 公布最终评选结果并颁奖。

3．校园展

获奖小组带领其他组共同在校园中开展校园展,展示蚕茧,制作蚕丝扇、蚕茧发卡、蚕茧胸针等。

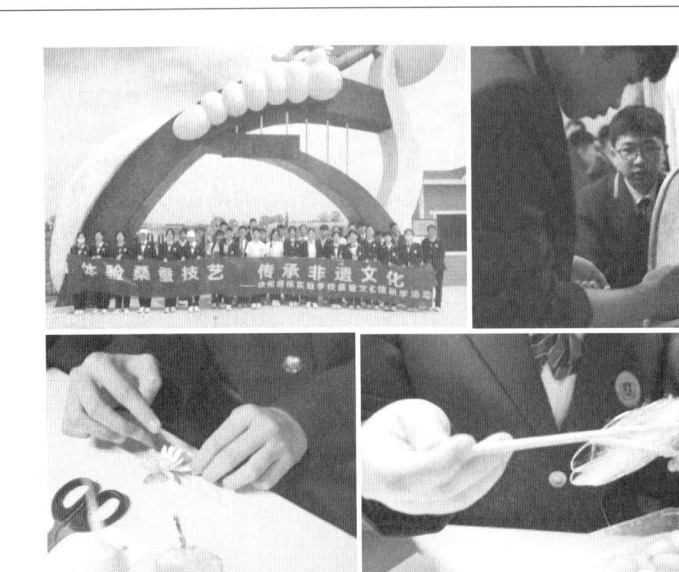

（三）活动三："共童成长　幸福童享"关爱孤残儿童义卖活动

1. 人员分工

现场展示组、宣传组、销售组、场务组、评审组、财务组、摄像组等。

2. 活动准备

（1）义卖作品：参赛作品、校园展中的作品。擅长制作的同学继续制作义卖作品，其他同学分装材料作为DIY材料包。

（2）宣传材料：宣传组同学制作宣传海报和爱心倡议书，在校园和班级群中宣传。

（3）场地布置：场务组和销售组布置场地和各组义卖展台。

（4）评审组制定评分标准。

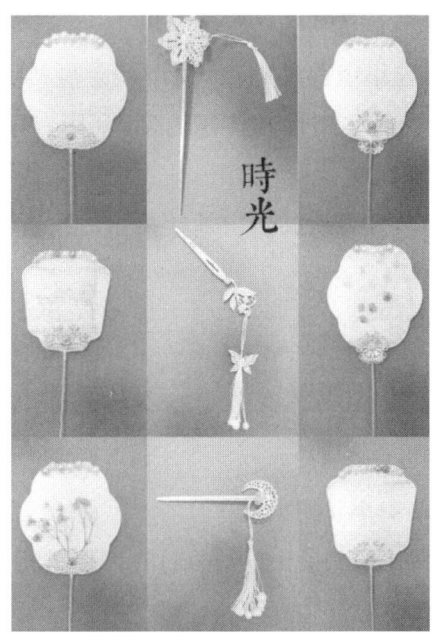

3. 义卖活动

两个班为一组,1班和2班为第一组,3班和4班为第二组,5班和6班为第三组,根据义卖所得和积分评选出最佳小组,该小组作为学校代表前往徐州市社会福利院慰问孤残儿童。

(1) 宣传组现场宣传和介绍。

(2) 销售组准备好装钱的盒子或者箱子,介绍产品并销售。

(3) 评审组:根据制定的评分标准,对各组工作态度、现场秩序和成果打分。

(4) 财务组统计收益与支出,以及各组销售情况。

4. 采购物资与慰问活动

(1) 采购：义卖最佳小组前往超市，根据社会福利院孤残儿童所需购买物资，计算商品价格，权衡实用性和优惠力度，利用有限的义卖善款最大限度为孤残儿童购买所需物资。

(2) 慰问：最佳小组带着慰问物资前往徐州市社会福利院慰问。

(四) 活动四：我是小小讲解员

(1) 人员分工。共同研讨，根据同学们的兴趣进行分组研究，可分为摄影组、主持人、汇报组等。

(2) 分组研讨，确定各自的讲解稿。

(3) 讲解活动。

前往解忧故里蚕桑文化生态园和徐州桑蚕文化馆、解忧公主纪念馆、黛梦雅蚕丝被产业园等基地，根据自己的讲解内容选择讲解区域作为小小讲解员进行讲解。

(五) 活动五：分组项目研究

(1) 按照活动四的分组继续研究，以自制作品、PPT 或海报等形式展示。

（2）主持人主持开场。

（3）视频回顾研学活动。

（4）各组依次上台分享与汇报研究成果。

五、评价建议

活动评价表

评价内容	自评 ☆☆☆☆☆	组评 ☆☆☆☆☆	师评 ☆☆☆☆☆	评价等级说明
参与桑蚕文化传承活动的态度和表现				优秀：总得星数为72颗及以上； 良好：总得星数为54～71颗； 合格：总得星数为32～53颗； 不合格：总得星数为32颗以下
活动过程中的合作精神与合作能力				
与活动相关的知识、方法和技能的掌握情况				
综合能力与素养的发展				
职责履行情况与取得的成果				
对小组活动中遇到的难题是否提出过有用的建议				

总得星数（　　　） 评价等级（　　　）

案例9 "徐州欢迎您"主题文创设计研讨

一、活动背景及项目总流程

徐州市第五中学的校园旅行社初期活动已小有所成,为了更好地宣传徐州文化、助力校园"冬日暖阳,爱心义卖"活动,校园旅行社社长向徐州各高中发出"英雄帖":征集以"徐州欢迎您"为主题的文创作品。"英雄帖"一经发出便得到了各高中同学的积极响应。目前,校园旅行社已经收到了来自本校、九里中学、三十六中部分同学十分具有特色的作品。

今天,五中校园旅行社的社员们聚在一起,对部分初步设计的作品进行再讨论。

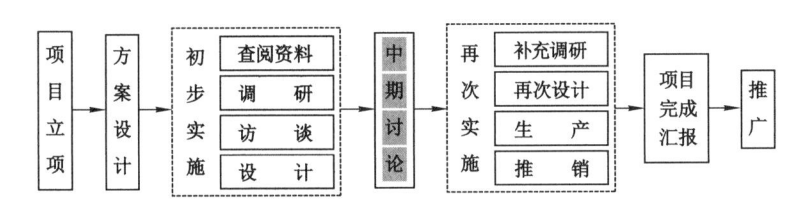

"徐州欢迎您"项目总流程图

二、活动目标

(一)价值体认

学生通过对部分文创设计的研讨,加强对家乡美景、悠久历史及习俗文化等的了解,厚植家国情怀。

(二)责任担当

通过对徐州家乡文创产品的精心设计,强化为家乡文化建设添砖加瓦的责任感。

(三) 问题解决

在活动过程中,培养善于合作、大胆质疑、敢于创新的思维品质;努力解决文创设计中遇到的问题和困惑,优化初步设计的作品。

(四) 创意物化

小组合作、组组合作,对初步设计的作品进行创意优化,提出下一步活动的完善方案。

三、活动准备

(一) 教师准备

(1) 查找资料,了解徐州非遗文化和文创知识,访谈相关专家,实地考察徐州市回龙窝游客服务中心等,编写活动方案。

(2) 争取得到回龙窝手创者基地负责人的支持,邀请专家参与活动。

(3) 做好活动期间的防疫、交通安全等预案。

(二) 学生准备

(1) 小组完成初步的文创设计,并进行相应的调研活动;小组研读学案,做好班级交流发言的准备。

(2) 课前,各组在回龙窝手创者基地进行实地考察,观赏基地文创作品并向专家学习。

四、活动过程

学生结束实地考察,开始上课。

师:"徐州欢迎您"主题文创研学项目组今天来到了回龙窝手创者基地进行中期研讨,我们非常荣幸请到了徐州市手创者文化传播有限公司董事长张立新[①]老师作为特邀嘉宾为我们进行专业指导。刚刚,我们参观了基地

[①] 张立新,全国文化艺术职业教育教学指导委员会评审专家,徐州市铜山区民间文艺家协会主席,徐州市手创者文化传播有限公司董事长,徐州市 24 小时城市书房创始人,中国(徐州)诗歌图书馆馆长。

的文创商品,抛开价格因素、经济因素,哪些文创产品是你最喜欢、最想带走的?为什么?

生:……

生:……

师:我们设计的文创产品别人是否也喜欢、也想带回家?下面我们开始集中研讨,首先我们一起来回顾一下前期已征集到的作品。

视频回顾前期活动征集到的作品。

(一)活动一:我们的设计初稿

师:我们五中的文创产品设计师们也提交了本组的作品,请各组依次进行产品说明,并注意展示要求,有请第一组代表。

各组代表依次介绍本组设计,要求如下。

(1)时间:每组不超过2分钟。

(2)内容:作品名称、内容及创意(缘由及创新点)。

(3)形式:PPT展示,限3张以内,普通话介绍。

(4)注意:文创设计要凸显徐州地方文化元素。

设计初稿情况

小组	文创名称	地方特色	载体
金天佐组	留香满境	五省通衢	香炉
陈琪睿组	拼出彭城 印象徐州	风景名胜	拼图式书签
苗峻榕组	徐州-Z	历史人物	抱枕、钥匙扣、动漫等
彭圣尧组	回龙窝火!	回龙窝历史文化街区	回龙窝原创歌曲

学生代表依次介绍本组设计。

(二)活动二:质疑及回答

师:我们的设计是否可以进入生产制作环节?还存在哪些问题?

学生小组采用头脑风暴的形式对其他组设计提出质疑,要求如下。

(1)每组每次只能提一个问题,超过3秒不提问即认为弃权,后提问者内容不能与前者相重。

(2)可进行多轮质疑和追问。

(3)各小组对问题进行答疑。

（三）活动三：专家点评及经验介绍

回龙窝手创者基地专家提出建议，并介绍自己的文创经验。

（四）活动四：思考、讨论、交流

师：本组设计还需要进行哪些改动或优化？需要开展哪些相关的实践活动，是问卷调查、市场调研、专家走访，还是产品试制？

要求：

(1) 每人思考1分钟后，小组讨论3分钟。

(2) 班级交流：小组代表发言。

（3）教师点评并鼓励继续完成项目学习。

（五）活动五：评价与总结

1. 对自己的学习进行评价

学生填写评价表。

活动评价表

评价要点	分值	得分
能够认真倾听他人的观点并积极回应，善于合作	2	
敢于质疑或提出有建设性的意见	2	
本组文创设计有趣、实用	2	
本组文创设计的美感、地方感强	2	
本组文创设计是原创	2	
合计	10	

我的收获：

2. 班级交流：谈谈自己的反思和收获

PPT展示：我的收获。

提示：可从对家乡文化的再认知、创新设计、合作学习、他人的优秀点、自我成长体验等各个角度进行本次学习的反思、评价和总结。

3. 教师谈本课感受

师:一路走来,带着大家进行项目式学习,一直被你们的聪明、智慧所折服。和你们接触越多,越感觉你们是宝藏,是你们让我感受到综合实践的魅力,和了不起的你们一起为家乡徐州做文创,我感到非常高兴和自豪!

习近平总书记指出:"文化是城市的灵魂。城市历史文化遗存是前人智慧的积淀,是城市内涵、品质、特色的重要标志。"文化的传承很不容易,文创对于文化的传承意义重大,文创的本质是"尊重文化、守正创新"。

第二部分

项目课程(整体方案)

课程 1　小小古建师养成记

一、活动背景

习近平总书记强调,我们的教育要善于从五千年中华传统文化中汲取优秀的东西,同时也不摒弃西方文明成果,真正把青少年培养成为拥有"四个自信"的孩子。《中小学综合实践活动课程指导纲要》明确:综合实践活动是从学生的真实生活和发展需要出发,从生活情境中发现问题,转化为活动主题,通过探究、服务、制作、体验等方式,培养学生综合素质的跨学科实践性课程。

学校坚持树人为本、质量为根、特色为翼、学生学有后劲的办学理念,重视学生的全面发展,与多个课外活动实践基地建立很好的合作关系。学生在去基地研学的过程中,对中国古代建筑产生了浓厚的兴趣。同学们提出成立工坊,组建小小古建师(古代建筑大师的简称)队伍,以便开展持续而又不断攀升的项目学习。

古建师懂得古建知识,能利用古建技术去解决现实问题,会做古建模型。因此,为成为古建师而设的创意过三关活动,就构成了古建工坊的第一个项目课程——小小古建师养成记。

二、活动目标

（一）价值体认

通过召开古建知识发布会等活动,初步了解古建筑知识,探寻其中的科学道理,了解和珍视古建筑的独特价值,在一系列具有挑战性任务的完成过程中体验和认可自我价值。

(二)责任担当

通过开展家乡古建寻访、利用飞檐设计解决学校现实问题等活动,在提高审美素养、培养家国情怀的同时,增强古建筑保护及热爱学校等责任意识。

(三)问题解决

通过设计"天工开悟"工坊招牌、古建师招募书,以及闯三关的学习活动,培养合作探究、勇于实践、勤于思考的能力。

(四)创意物化

通过工坊系列活动,完成古建彩画T恤、学校楼层飞檐设计、制作古建模型等任务,培养创意思维和创造精神。

三、活动准备

(一)教师准备

(1)通过多种路径学习中国古建知识,挑选适宜学生的课程学习内容。

(2)收集供学生参考的学习资料,如古建筑学习资料、标志(logo)设计素材、彩画制作视频;考虑并准备相关活动所需的材料。

(3)联系研学基地,做好推荐学生可供选择的活动目的地、图书等资源的准备工作。

(4)做好体验活动前的方法指导,制订安全预案。

(二)学生准备

(1)通过去图书馆、请教老师、网络学习等途径,收集、了解中国古建筑知识。

(2)组成具体任务不同的学习小组。

(3)了解活动主题,并和老师一起确定整体活动学习方案。

四、总体课程安排

课程共34课时。第一阶段,成立小工坊,8课时。第二阶段,创意过三关,25课时(第一关,古建知识发布会,8课时;第二关,彩画飞檐秀一秀,9课时;第三关,凉亭模型做一做,8课时)。第三阶段,小小古建师上岗,1课时。

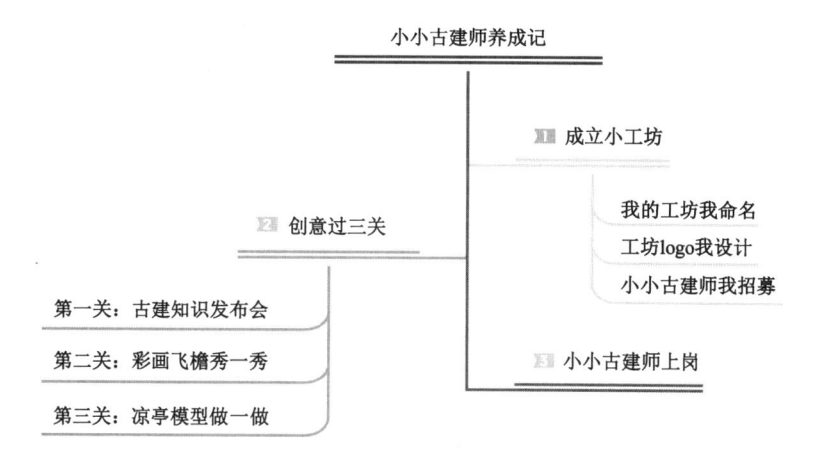

```
小小古建师养成记
├── 成立小工坊
│   ├── 我的工坊我命名
│   ├── 工坊logo我设计
│   └── 小小古建师我招募
├── 创意过三关
│   ├── 第一关:古建知识发布会
│   ├── 第二关:彩画飞檐秀一秀
│   └── 第三关:凉亭模型做一做
└── 小小古建师上岗
```

总体课程结构

五、活动过程

（一）第一阶段：成立小工坊（8课时）

1. 活动一：初步参观学习（5课时）

（1）参观学习路线：徐州燕子楼——徐州戏马台、户部山古建筑群——徐州古城墙博物馆……

师：中国古代建筑以其独特的文化和技艺自成体系，记载了人类的历史，记载了时代的更替，也记载了家国的荣辱兴衰。它们是中华文明的见证

者,是中华文明的承载者。那木质的梁柱、斗拱和榫卯结构,那装饰精美、如诗如画的雕刻和彩绘,将美好与祝福融入其中,在古代建筑师的巧手下,每一处都流淌着情感、智慧与技艺。

(2) 带着问题去学习。

教师提醒学生:注意观察思考,记录好发现的问题并带着问题去研学。

2. 活动二:工坊命名及相关设计(2课时)

(1) 师:为了深入探究古代建筑秘密,让传统文化与现代生活相融合,为传统文化注入新的生命与活力,我们可以做什么项目?

学生在前期参观中对古建筑产生了浓厚兴趣,促使小工坊成立。

(2) 学生围绕以下三个任务,进行分组交流及展示活动。

① 我的工坊我命名。

② 工坊 LOGO 我设计。

③ 小小古建师我招募。

(3) 在教师的指导下,最终确定工坊名称——"天工开悟"和工坊招牌的设计图,确定了闯三关的古建师招募要点。

3. 活动三:古建师的招募书(1课时)

师:古建师要能普及古建知识,会创意设计,会做模型。通过考核,领取聘书,才能成为一个合格的小小古建师。大家快把招募令张贴出去,组成项目小组吧!

学生分小组研讨、制订闯关计划。

(二)第二阶段:创意过三关(25课时)

1. 第一关:古建知识发布会(8课时)

(1)活动一:发布会前期准备(7课时)。

① 分屋顶、斗拱、檐兽、彩画四组学习,上网收集资料,查阅相关书籍。

② 走进建筑学院,听专家讲座,参观古建筑模型展示,了解斗拱部件名称和斗拱结构。现场体验彩画步骤:设计旋子彩画、画线稿、扎谱子、拍谱子等。

③ 整理前期在户部山民居、徐州古城墙遗址博物馆等处学习的知识。

④ 做好发布会的准备工作,各组制作汇报PPT和道具。

(2)活动二:古建知识发布会(1课时)。

① 学生把学到的古建筑知识在组内交流,用自己的方式讲出来。

② 班级交流,按照屋顶、斗拱、檐兽、彩画四组进行分组汇报。

③ 各小组总结,并展开组间交流。

④ 集思广益做好后续创意设计的准备。

2. 第二关:彩画飞檐秀一秀(9课时)

(1) 活动一:古建彩画我创绘(3课时)。

① 了解彩画制作流程,选择"古建彩画元素+T恤",完成创意产品。

彩画俗称丹青,古建彩画就是古代劳动人民在古建筑物上绘制装饰画,主要绘于建筑木构件上。为了防腐、防虫,古建筑彩画大多使用矿物颜料,这种颜料不仅价格昂贵、不易获得,而且大多具有毒性。

② 以小组为单位,实验探究适合在T恤上绘制的颜料、色彩。

③ 学生讨论绘制彩画T恤的图案。

④ 绘制彩画 T 恤,展示并总结。

师:同学们把彩画的图案绘制到了 T 恤上,穿着这样有中国传统特色的服装,特别有范儿!古代建筑的色彩和装饰艺术,鲜明地传达了古典韵味,彰显了历史厚重感,为我们"天工开悟"工坊的设计提供无穷的创意源泉。

(2)活动二:飞檐奥秘我实验(3 课时)。

中国传统古建筑中,屋檐是最有特点的。飞檐反宇有什么秘密?围绕着屋檐,同学们开始了探究。

① 根据教师建议,学生从网络中找到关于最速降线的介绍。

② 学生分小组用简单的纸板、乒乓球等器材进行实验。

a. 实验探究 1:小球从起点滑落,是直线快还是曲线快?

在一个斜面上,摆两条轨道,一条是直线,一条是曲线,起点高度以及终点高度都相同。只考虑重力的情况下,两个质量相同的球同时从起点向下滑落。

b. 实验探究 2:两点之间的直线只有一条,曲线却有无数条,那么,哪一条才是最快的呢?

生(小结):在一个斜面上,摆四条轨道,一条是摆线(最速降线),三条是不同弯曲程度的曲线,起点高度以及终点高度都相同。质量相同的小球同时下落,只考虑重力的情况下,摆线(最速降线)最快。

(3)活动三:学校飞檐我设计(3 课时)。

① 学生发现积水问题的解决办法:能否用飞檐最速降线的原理解决雨天校园走廊积水的问题?

② 学生分小组绘制校园教学楼飞檐设计图。

③ 学生分小组用设计图向校长说明关于屋檐改造的创意,并提出建议。

3. 第三关:凉亭模型做一做(8 课时)

(1)活动一:凉亭设计(4 课时)。

师:在古典园林和现代公园中,亭子往往是不可缺少的重要构成元素,就让我们的小小古建师职业生涯从制作一个小亭子模型开始吧!

① 学生到网上查阅、收集中国古代建筑凉亭样式,绘制设计图,如四角

亭、六角亭、重檐顶、单檐顶等,分享探究过程中合适的方案,经反复交流论证,确定凉亭样式。

② 学生走进建筑学院请教专家,在专家指导下画图。

(2)活动二:实践操作(4课时)。

师:选择不同的材料会有不同的效果,在制作中需要注意细节和精度,保证模型的准确和美观。

① 小组交流本组制作凉亭的方法及依据。

② 学习使用木工加工工具,在教师的指导下使用激光雕刻机制作配件。

③ 认真、耐心、细致地完成凉亭制作。

(三)第三阶段:小小古建师上岗(1课时)

(1)教师为第一批顺利过关的小小古建师发聘书,祝贺大家成为第一批"天工开悟"工坊的小小古建师。

(2)学生完成学习评价表。

(3)学生在组内及班级里谈谈学习收获及下一步的学习计划。

活动评价表

评价内容	自评 ☆☆☆	组评 ☆☆☆	师评 ☆☆☆	评价等级
热爱中国古建筑,乐于学习古建筑知识,愿意致力于保护古建筑,弘扬中华传统文化				优秀:总得星星数为55颗以上; 良好:总得星星数为40～54颗; 合格:总得星星数为21～39颗
积极参与"天工开悟"工坊的活动策划,富有创新思维				
善于合作,积极沟通				
敢于提出问题、积极发表自己的见解				
能较好地完成彩画设计				
能通过实验理解飞檐原理,并在生活实践中运用				
较出色地完成凉亭设计、制作等项目活动				

总得星数(　　)　　评价等级(　　　)

我的收获:

（4）教师谈感受。

师:"天工开悟"工坊的古建师们,在整个活动过程中,你们认真、细心、有创意,你们敢于质疑的学习态度和实践精神感动了我！是你们让我更深地感受到了项目学习的意义！你们用自己的努力迎来了持证上岗的今天,我相信你们也会用坚持迎来更美好的明天！让我们一起继续努力,去做出更好更多更有创意的成果,加油！

六、课后反思

（一）兴致勃勃

古建筑知识学习时间长、难度大、内容复杂，但它从学生的生活世界中来，这就赋予课堂教学以生活的意义，真听、真看、真感受是综合实践课最大的魅力所在。整个项目活动中，同学们对于古建筑学习的兴趣和热情非常高。例如，我们在建筑学院学习使用木工工具，同学们上手锯木头的时候才感受到原来简单的锯木头也包含这么多技术。每个同学都把自己锯下来的那一小截木头当作宝贝一样收藏起来。老师要学会大胆放手，相信孩子们的学习能力和创造能力，创造机会让孩子们能够更加主动地参与到学习中来，提高他们的学习积极性和自主性。

（二）创意无限

同学们通过小组合作发挥各自的特长，展开交流。在创意实践的一系列活动中，许多领域是学生未曾涉及的，具有很强的创新性。比如彩画T恤的制作，原本只是想让同学们尝试画一画旋子彩画的旋花，结果同学们把苏式彩画、旋子彩画、和玺彩画的经典图案都呈现在了T恤上，他们的创造力让我感到惊叹。颜料的选择、制作凉亭不同材料的尝试等，体现出学生的探究能力。工坊后续新产品的开发设计、营销等活动，会对学生提出更多的创新挑战。

（三）美好永伴

创新是综合实践活动课程的灵魂，而实践是综合实践活动课程生存的根本。在小小古建师养成记的项目实施过程中，多种多样的实践活动不仅使我们更好地欣赏古建筑之美，也使我们更深地感受到创造的快乐、友情的宝贵，而这些就构成了生活的美好。愿我们的美好在实践课程中继续！

课程2　大自然　小伙伴

一、活动背景

（一）文化与时代诉求共同指向人与自然的和谐发展

我国自古就有"天人合一"的哲学思想，人与自然的和谐发展，是人们追求的理想生存境界。习近平总书记在党的二十大报告中指出，中国式现代化，是物质文明和精神文明相协调的现代化，是人与自然和谐共生的现代化，是走和平发展道路的现代化。党的十八大以来，以习近平同志为核心的党中央把生态文明建设作为统筹推进"五位一体"总体布局和协调推进"四个全面"战略布局的重要内容，提出一系列新理念新思想新战略，形成了习近平生态文明思想，为新时代大力推进生态文明建设，提供了根本遵循、指明了实践路径。儿童处于自然观、世界观的形成时期，如何在儿童阶段培育生态文明意识、促成生态文明行动，是新时代德育课程和教材建设的重要主题。但在教育实践中，我们往往把自然当作与人类世界相对立的"自然界"，把真正的自然看作抽象、遥远且"沉默无语"的物质存在。儿童如何与遥远的物质存在建立关系，是小学综合性学习需要攻克的重点和难点。

（二）儿童生存与发展需要与自然建立亲密关系

在学校开展的一项面向全体一年级学生的调查中发现，100%的受调查者喜欢大自然，因为大自然的美丽、新鲜空气、花草树木等，他们有渴求探索的兴趣和欲望，有与大自然愉快相处的经历，喜欢在大自然中锻炼身体、做游戏。但只有60%的学生经常接触大自然，40%的学生很少接触大自然。

信息时代电子媒介对儿童注意力的分散、儿童面临的学业压力、室内游乐场的扩建等原因,导致儿童与自然的关系逐渐疏离。儿童到大自然中活动的时间不断减少,对大自然中的事物和现象感到陌生,与大自然缺乏交流互动,甚至出现"自然缺失症",这些阻碍了儿童的全面发展。

(三)"大自然 小伙伴"理念释义

建设生态文明,需要重塑人与自然的关系。儿童对自然的热爱是出于本能的、先天的,儿童与自然的联系是精神性的、超验性的联系。"大自然 小伙伴"的理念正是基于这一观点而提出的,它是指儿童与自然之间建立起来的良好的、稳定的、和谐的伙伴关系,具体来说,是在万物和谐共在的立场上,儿童与大自然中的动物、植物等自然物以"伙伴"身份相处,在主体地位上彼此平等,在生命尊严上相互尊重,在相处过程中交往互动。伙伴式的平等交往互动不只是为了教学效果,而是基于一种全新的人与自然的关系。

本活动课程设计理念具体为以下三个方面。

(1) 遵循育人规律和学生的成长规律,以"成长中的我"为原点,以螺旋上升的方式组织和呈现教育主题,强化课程设计的整体性。以社会发展和学生生活为基础,构建综合性课程,引导学生发现问题、分析问题、解决问题,提升理解力和判断力。坚持教师价值引导与学生主体建构相统一,建立校内与校外相结合的育人机制。以真实的自然生态环境作为平台和资源,为儿童提供与自然亲密接触的场所和机会。

(2) 以"大自然 小伙伴"的理念将"人类与自然"的抽象关系转化为"儿童与其生活中的自然"的具体关系,在生活中建构儿童与自然的审美关系、共生关系、改善与被改善的关系。培养儿童的自然敏感性、对自己所属自然环境的归属感以及改善环境的行动能力。

(3) "大自然 小伙伴"理念下的综合性学习课程,引导学生换位思考,相互尊重,与自然在意识上建立伙伴关系;带领学生到真实的生活领域中、到真实的自然中去感受、观察、体验、认识和保护大自然,与大自然和谐相处,在行动上建立伙伴关系;通过动物陪伴、植物养护等活动,与大自然中的动植物交往互动,在情感上建立伙伴关系。

二、活动目标

（一）提高道德修养

聚焦于儿童在生活中的环境行动能力，通过培养儿童对自己所处环境施加影响、着力改善的意识和能力，促使儿童成为环境问题中的道德行为人。

（二）增强责任意识

（1）通过到户外深入探究自然、在自然中游戏等活动，体验在自然中的快乐，在心理上亲近自然，在情感上喜爱自然。

（2）通过对自然的观察、探究以及和自然的共处，建构与自然的情感联系，树立守护自然是理所当然的责任的意识。

三、活动主题

在部编版教材中，有些儿童与自然教育的内容是以单元为结构进行划分的，也有部分内容散落在其他主题单元教学中。如果不对这些内容进行整体设计，只当作一个课时、一个环节，则缺少了对儿童与自然教育的整体把握，难以达到教学效果。因此，在教育过程中，课题组以塑造单元课程内容中所蕴涵的课程大观念为主旨，展现以学习为核心的课程教学新路径，对课程进行结构化设计与重组。

各年级课程主题

课程	年级	主题
"大自然 小伙伴"主题课程	一年级	儿童与身边的自然事物
	二年级	儿童与生活的自然场所
	三年级	儿童与自然资源
	四年级	儿童与家乡
	五年级	儿童与环境保护、公共生活
	六年级	儿童与地球共命运

我们以"大自然 小伙伴"为主题,按照"儿童与身边的自然事物→儿童与生活的自然场所→儿童与自然资源→儿童与家乡→儿童与环境保护、公共生活→儿童与地球共命运"六个阶段展开,整体设计课程方案。每个阶段将相关内容整合为一个单元,以项目式或议题式方式开展探究,形成螺旋递进和一体化设计。"儿童与身边的自然事物"主题单元,可以设计驱动型任务"我和身边的自然事物做朋友",先引导学生整体认识生活中的自然小伙伴有哪些;再分别和风、植物、动物以游戏互动的方式深入接触,建立情感联系;最后学会倾听"小伙伴"的语言,了解他们的喜怒哀乐和生存需求,换位思考、友好相处、彼此关怀、共同成长。

四、活动过程

(一)活动准备

1. 教师准备

(1)开发学校周围的课程基地资源,选择合适的地点,带领学生走进自然、认识自然,与大自然中的事物相处。

(2)为每一阶段的课程开展设计学情单,了解学生的学习起点。

(3)设计体验卡片,提供学生所需的观察、记录、学习等材料,帮助学生解决探索中遇到的难题。

2. 学生准备

(1)深入大自然中观察、记录自然事物,寻找自己的"小伙伴",认养一种或几种动植物,与"小伙伴"共成长。

(2)根据每节课的要求,准备喜欢的玩具,如泡泡枪、风筝、气球、风车等,在大自然中做游戏;准备调查所需的工具,如录音笔、记录本等。

(3)参与完成相关的科学实验,做好实验记录,分享实验成果和感受。

（二）课时分配

各主题课时分配

主题	课时分配	场所
我的自然"小伙伴"	3课时	汉文化景区
淘气的风	2课时	学校操场及科学实验室
可爱的花儿、草儿、树儿	2课时	金龙湖风景区
我和动物交朋友	2课时	徐州动物园
"小伙伴"会说话	2课时	校园、家庭、社会

（三）活动过程

1. 第一阶段：我的自然"小伙伴"

第一阶段共分为3个课时，分别为"问候大自然——我们认识了""我想了解你的秘密——探秘大自然""我能为你做件事——我们是朋友啦"，3个课时在逻辑上是循序渐进、逐步深入的，符合学生认识交往的特点。

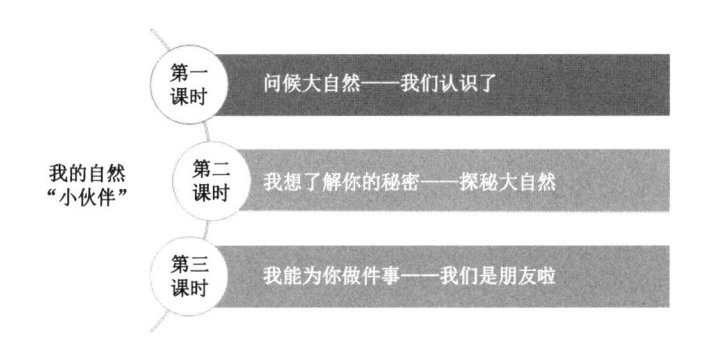

我的自然"小伙伴"：
- 第一课时：问候大自然——我们认识了
- 第二课时：我想了解你的秘密——探秘大自然
- 第三课时：我能为你做件事——我们是朋友啦

我的自然"小伙伴"内容架构

（1）活动一：问候大自然——我们认识了（第一课时）。

学生来到汉文化景区，通过以下活动让学生在对话、发现、游戏、探究等过程中走进大自然，认识"小伙伴"。

① 热情地问候。

a. 发现身边常见的自然事物。

b. 热情地与大自然中的事物打招呼。

c. 感受大自然对我们的问候。

② 我能记住你——自然事物串串烧。

a. 4人一小组合作走进大自然,认识园林中的动植物,感受自然事物。

b. 用一个自己喜欢的自然事物名称作为自己的名字,做一个牌子贴在胸前。

c. 学生围成一圈,一起玩自然名串串烧的记忆游戏。

③ 介绍我的"小伙伴"。

a. 选择一种自己最熟悉的自然事物,在小组内为大家介绍。

b. 各组推选介绍得最棒的小朋友在全班介绍。

④ 冥想之旅,感受"小伙伴"。

a. 以自己舒服的姿势坐在草地上或躺在草地上,闭上眼睛,在心里与自然对话。

b. 向美好的自然、美好的一天表示感谢。

(2) 活动二:我想了解你的秘密——探秘大自然(第二课时)。

① 大自然,用我的感官认识你。

a. 4人一小组,做好任务分工和活动准备。

b. 根据活动体验卡,每小组选择一项或多项任务,完成挑战和记录。

大自然活动体验卡

👁	大自然有哪些颜色? 大自然有哪些奇怪又好看的形状?

	在这里,你可以听到哪些声音? 你知道这些声音都是什么事物发出来的吗?你能模仿吗? 风声像什么?
	不同的花儿味道一样吗? 草儿也有味道吗? 你能通过气味分辨出小动物吗?
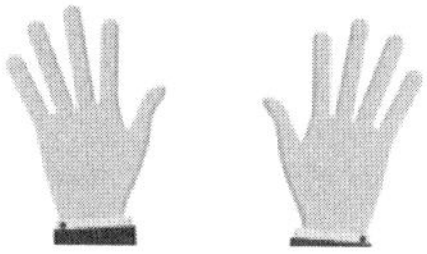	摸摸树干、落叶、花朵……你有什么感觉? 泥土、石头和水也有温度吗?
	你感觉大自然怎么样? 你想到了哪些可以在大自然里开展的活动?

c. 体验结束后,学生们分享自己的体验。教师鼓励学生说出真实的感受,总结归纳学生对大自然的感受,突出自然之美。学生在总结中感受收获的喜悦,增强求知欲和凝聚力,感受大自然给我们带来的温馨、美好和振奋。

② 大自然,通过他人了解你。

a. 走进园林,请管理人员带领大家参观园林并介绍植物养护及其意义。

b. 学生就自己感兴趣的内容进行提问或采访。

③ 大自然,情之所至、为你动容。

用自己喜欢的方式呈现本节课的学习成果,如:为喜欢的动植物做一个宣传标语、一张宣传小报……

(3)活动三:我能为你做件事——我们是朋友啦(第三课时)。

① 千疮百孔的大自然。

a. 视频播放逐渐灭绝的动物、逐渐恶化的环境。

b. 学生交流观看感受,提出保护大自然的实际行动,减少对大自然的伤害。

② 大自然,我可以为你做什么?

a. 学生小组交流讨论,我们可以为"小伙伴"做些什么?填写表格。

我可以为"小伙伴"做这些事

约束自己	
感染他人	

b. 全班分享。学生主要从力所能及的事情,如不踩踏花花草草、定期植树、为校园或小区绿化除草、做自然守护志愿者、认养植物、制作宣传小报、拍摄宣传视频等,开展保护自然的活动等。

③ 生活魔法师——实现我们的想法。

a. 小组选择一种活动,制定切实可行的活动方案。

b. 全班交流活动方案,学生评价,改进方案。

④ 拓展延伸。

a. 课后根据方案开展实践活动,并做好记录。

b. 完成学情调研单,投票选出最喜欢、最常相处的自然事物,为下一阶段的探究做好准备。

2. 第二阶段:淘气的风

我们在调查中发现,风是小朋友们喜爱的自然事物。因此,第二阶段主要围绕风这一自然事物开展活动,让小朋友们和风一起游戏,知道风形成的原因,了解风也有"脾气",学会自我保护,和风融洽相处。

(1) 活动一:我和风做游戏(第一课时)。

课前准备:教师准备关于风的科学实验材料包;学生每个小组准备一部手机,用于录制寻找风的视频。

① 欢迎"小伙伴"——淘气的风(学校草坪)。

a. 与风共舞,歌唱《风儿吹》。

b. 学生围成一圈,玩"大风吹"游戏。

② 和风捉迷藏——寻找风。

a. 学生 4 人分成一小组,完成活动记录表,做好任务分工。

"_____"活动记录表

组名	
成员	
时间	地点

分工:

总结:

b. 根据活动记录表,完成寻找风的视频录制,上传到班级群。

c. 学生、家长、老师点评学生活动及视频汇报作品。

活动评价表

评价要素	学生自评 ☆☆☆☆☆	组员互评 ☆☆☆☆☆	家长评价 ☆☆☆☆☆	教师评价 ☆☆☆☆☆
小组内分工有序				
在规定时间完成任务				
用多种方式寻找到风,能准确捕捉有关风的镜头				
语言表达流利,自信勇敢,声音洪亮				

③ 和风一起做游戏。

带上喜欢的玩具,一起和风做游戏。

(2) 活动二:科学实验——探秘风(第二课时)。

① 风也有"脾气"。

a. 演唱儿歌,认识风的等级。开展闯关游戏,根据图片判断风的等级。

b. 播放视频,认识风的巨大作用与"脾气"。

c. 学会在恶劣天气下逃生和求助(情景表演)。

② 认识风——探秘科学实验室。

a. 教师演示,共同完成科学实验《风的形成》,了解风的成因。

b. 各小组选择一种感兴趣的科学实验,领取材料包进行实验准备和演示。

③ 分享展示实验成果。

a. 各小组展示自己的实验成果,汇报实验过程和结论。

b. 班级内分享、体验各项实验。

c. 交流自己的感受和想法,学会与风和谐相处。

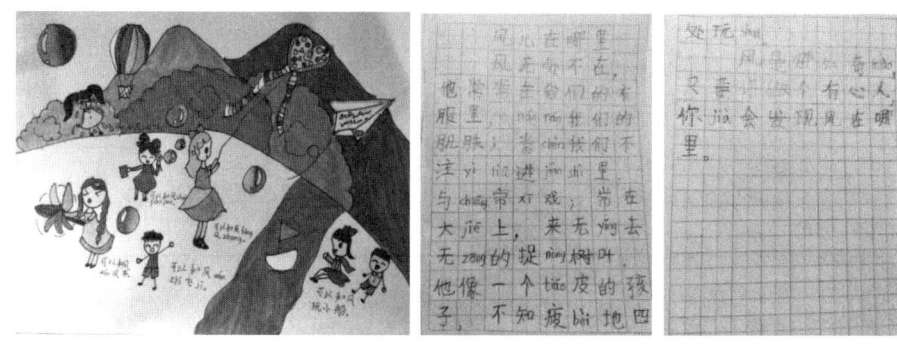

3. 第三阶段:可爱的花儿、草儿、树儿

一年级的孩子们或多或少都和花草打过交道,都和花草树木拍过合影。因此,第三阶段主要引导学生关注身边的花草树木,说出自己与花草树木之间的故事,增强学生与自然界的共生感,使学生乐于探索大自然的奥秘。

课前准备:教师准备各种花草的图片;学生准备好自己与花草树木的合影,并在组内介绍自己的与花草树木的故事。

(1) 认识花草树木,感知美好。

① 教师出示各种花草树木的图片,学生欣赏。

② 学生说说看完图片的感受。

(2) 我与花草树木的故事。

① 教师出示自己与花草树木的合影,向学生介绍花草树木和相关故事。

② 学生小组内交流各自准备的和花草树木的合影,介绍照片中的花草树木,或讲一个自己与花草树木之间的故事。

③ 利用击鼓传花的方式随机选择同学在全班展示,可以讲故事,也可以画画、唱歌、吟诗等。

(3) 走,看花看草看树去。

① 走进金龙湖公园,选择自己喜欢的一种植物仔细观察,从叶子、花、茎几个部分去看,看看它的颜色、形状,闻闻它的味道,并记录下来。

我最喜欢的植物特点

我最喜欢的植物	
叶子的特点	
花、茎的特点	
颜色的特点	
形状的特点	
味道的特点	

② 我是优秀观察员。小组内交流自己的新发现,对于观察仔细的同学,颁发优秀观察员奖章。

观察活动评价表

评价要点	学生自评 ☆☆☆☆☆	组员互评 ☆☆☆☆☆	教师评价 ☆☆☆☆☆	评价等级说明
积极参与自然观察活动				优秀:总得星数为 60 颗及以上;
表格记录清晰、翔实				良好:总得星数为 35~59 颗;
能用不同的方式记录自己的观察过程				合格:总得星数为 30~34 颗;
能分享自己的新发现				不合格:总得星数为 34 颗以下
能总结活动感受、谈心得				
合计	总得星数:( )		评价等级:( )	

(4) 我与花草树木共成长。

课外实践:种几种自己喜欢的花草,用拍照、文字记录、画画等方式记录花草的成长过程,在班级里分享交流自己的收获。

4. 第四阶段:我和动物交朋友

通过这一阶段的活动,让学生知道动物是人类的好朋友、充分感受到动物的可爱,培养学生喜欢动物的情感,让学生在与真实动物的接触中感受与动物做朋友的乐趣。

课前准备:教师利用多媒体制作各类动物的课件,到徐州动物园考察。

(1) 我身边的小动物。

① 分小组交流自己身边的动物朋友,并说说它们的习性和特点。

② 分享自己与小动物之间发生的故事。

③ 说一说自己是如何细心照顾这些小动物的,以及在这个过程中自己的感受。

(2) 猜一猜它是谁。

① 教师用课件播放动物的叫声,学生猜一猜是什么动物。

② 教师用课件出示动物身体的一部分,学生猜一猜是什么动物,并说一说这部分的作用。

（3）夸一夸我的动物朋友。

① 如果要举行动物明星大赛，请学生说说最想推荐谁去，并说明理由。

② 学生4人小组合作，夸夸同一种熟悉的小动物，并加上动作、表情、叫声等。

③ 学生表决同意哪组小动物参加动物明星大赛，并说说理由。

（4）走进动物园。

① 提前上网收集自己喜爱的小动物的详细资料。

② 在参观动物园的过程中，记录动物的外形、叫声、生活习性等特点。

③ 将自己的收获、感想，用文字、照片等形式进行记录。

④ 从课前的准备资料、活动中的讲解、活动后的感受等方面，评选出最佳小组。

5. 第五阶段："小伙伴"会说话

大自然是我们赖以生存的环境，世界上不仅人类会说话，大自然中的"小伙伴"也会说话，那么大自然中的"小伙伴"会怎么说？说些什么？我们通过这个阶段的活动让学生感知大自然语言的神奇，产生对大自然的喜欢和赞美之情。

教学准备：教师准备有关电闪雷鸣、蚂蚁搬家、桃花盛开的视频。自制绘本的材料：7张65 cm×50 cm的铅画纸，其中6张为背景：淡绿（春），深绿（夏），金色（秋），白色（冬），粉红（晴），淡蓝（雨），供学生分类张贴景色画；1张为封面——大自然的语言。

（1）"小伙伴"的语言。

① 播放电闪雷鸣、蚂蚁搬家、桃花盛开的视频。

② 学生边看边说，总结大自然的语言想告诉人类什么信息。（模仿教师的句式，比如："电闪雷鸣，这就是大自然在说：要下雨啦！"）

③ 学生分享自己知道的大自然中"小伙伴"的语言，并详细说明。

④ 阅读故事，说一说读懂大自然的语言对人类有什么帮助。

（2）共制自然绘本。

① 小组合作阅读自然风景画，相互说一说自己的发现。

② 教师出示6张背景图(事先贴在两块磁性黑板上);学生将手中的画贴在相应的背景图上,并说明张贴的理由。

③ 这些季节还会有哪些丰富的大自然语言呢?发挥想象,小组合作共创自然语言绘本。

(3) 评价设计。

我是贴心好朋友。

小组内交流自己对自然界声音的理解;为能听懂大自然语言的同学,颁发大自然贴心好朋友奖章。

活动评价表

评价要点	学生自评 ☆☆☆☆☆	组员互评 ☆☆☆☆☆	教师评价 ☆☆☆☆☆	评价等级说明
我能听懂天气变化的声音				优秀:总得星数为60颗及以上;
我能根据小动物的声音给予它们适当的照顾				良好:总得星数为35～59颗;
我能根据天气的声音准备生活物品				合格:总得星数为30～34颗;
我喜欢听大自然的声音				不合格:总得星数为34颗以下
我喜欢和大自然交流				
我的收获:				
合计	总得星数:( )		评价等级:( )	

课程3　由画知汉　读懂徐州
——《彭城汉画故事:创意拓片连环画》制作

一、活动背景

徐州是汉文化的发源地,亦是汉画像石出土的主要地区。汉画像石生动描绘了汉代的社会生活情景,体现了两千年前汉代社会的发展状况。通过问卷调查,我们发现学生对于汉画像石只停留于单一、平面的欣赏阶段,在他们眼中,汉画像石只呈现为单幅的画面,并未形成连贯的故事体系。

基于上述情况,学校设计了以"由画知汉　读懂徐州"为主题的综合实践活动,以制作《彭城汉画故事:创意拓片连环画》为任务驱动,带领学生自选情境,对古彭城人最具代表性的汉画像石进行拓印,并加以色彩和文字解说,装订成连环画册。该活动旨在引领学生挖掘徐州本土文化和地域特色,增强文化认同感,激发学生对家乡文化的热爱之情。

二、活动目标

(1) 了解汉画像石的历史背景和文化内涵,感受中华文化悠久的历史和博大精深。

(2) 通过探秘神话、穿越汉代、演绎历史、寻找文化融合等方式,制作《彭城汉画故事:创意拓片连环画》。

(3) 通过项目化学习,提升学生对汉代画像石的审美情趣和理解能力,增强对家乡本土文化的自信和认同感。

三、活动准备

（一）教师准备

（1）到徐州博物馆、徐州汉文化景区、徐州汉画像石艺术馆等地进行场景学习，寻求专业支持。

（2）跨媒介、多渠道查阅收集现存汉画像石的图片及文字资料，制作学习单。

（3）深入挖掘徐州汉画像石背后的政治、历史、文化等方面的内涵。

（二）学生准备

（1）了解徐州历史，收集徐州汉文化及汉画像石的相关资料。

（2）根据学习任务划分小组，组内合理分工。

（3）交流、讨论、设计制作《彭城汉画故事：创意拓片连环画》的步骤。

四、总体课程安排

课程安排表

课时安排	名称
第一课时	初探汉画像石、寻神话密码
第二课时	穿越汉画像石、玩转汉时代
第三课时	演绎汉画像石、体悟历史情
第四课时	抚触汉画像石、寻彭城之根
第五课时	拓印汉画像石、创作彭城十二时辰

五、活动过程

刻在汉墓中的汉画作为汉代一部绣像的"史记"，真实、具体、生动地描绘了汉代人的生活和精神追求。徐州作为汉文化的发源地，出土的汉画像石内容丰富、手法精妙、数量庞大，生动呈现出大汉盛景。本次主题活动将通过多种方式,让汉画像石中原本僵硬的年代、人物、事件,以"彭城汉画故事:创意拓片连环画"的形式呈现,让历史文化活起来。

接下来,让我们一起开启这场奇妙之旅吧!

(一)第一课时:初探汉画像石、寻神话密码

1. 背景分析

本课通过探秘汉画像石中的神话故事,拓宽学生感受汉画像石的途径,帮助学生体会汉代古彭城人对美好事物的向往和对恶势力的摒弃,激发学生强烈的学习兴趣。

2. 学习目标

(1)通过课前收集神话故事,完成"我的神话故事阅读卡片",初步感知远古人类呼唤光明、伸张正义、信守真理的美好品质。

(2)通过合作互助学习,引导学生了解汉画像石的文化底蕴,感受汉代人对自然社会的认知力及对人生信仰的追求。

(3)丰富想象力和创造力,为制作《彭城汉画故事:创意拓片连环画》提供思路、积累素材。

3. 教学方法与策略

针对学生的年龄特征,在教学过程中采用讨论法、播放视频与现场讲解相结合,共同揭示汉画像石背后的秘密。

4. 学习准备

(1)教师准备:实地调研,积累上课素材,制作任务卡。

(2)学生准备:分组收集中国神话故事,每组汇总一个最感兴趣的主题;阅读徐州青年漫画家周凡舒创作的《汉画像石里的神话世界》。

5. 预设过程

(1)学习活动。

① 活动一:回顾——神话的魅力。

神话,蕴含着古老而神奇的魅力。同学们,你了解哪些远古的神话故事呢?故事中蕴含着怎样神奇的威力呢?请同学们借助课前完成的"我的神话故事阅读卡片"跟大家分享,组间互评,提出质疑。

1. 你对神话故事中的哪些人物印象最深刻？请依据具体事例，为人物设计一张角色名片。

```
人物名字：_____          人物名字：_____
性格特征：_____          性格特征：_____
重要的事：_____          重要的事：_____
_____          _____
_____          _____
```

2. 聚焦最感兴趣的神话故事，以绘制思维导图或制作简易PPT的形式分小组进行汇报。

（图示：起因—经过—高潮—结果，曲线图）

"我的神话故事"阅读卡片

师（总结）：中国神话故事中的人物，其实是与凡人无异的，他们有爱憎之心，有生老病死，更可贵的是他们能观照到人间疾苦，有着心系百姓、不畏艰难、舍生忘死的可贵品质，这也是中华民族精神的一种写照。（设计意图：通过自主先学，引导学生通过阅读中外神话故事集走进广阔的神话世界，在课外阅读和实践采风中感受神话的魅力，激发儿童的想象力。）

② 活动二：联结——汉画像石中的神话故事。

在汉代人的心中，神话又隐藏着怎样的愿望呢？让我们一起去打开汉画像石的神话密码。

a. 合作学习：分组寻找汉画像石里的神话故事，完成任务卡。

b. 小组汇报：讲述汉画像石上的神话故事，其余小组进行补充。

c. 交流反馈：邀请讲解员评析，解读汉画像石的文化脉根。

小组成员汇报汉画像石的神话故事

小组成员：	
神话故事	
人物角色	
反映内容	
表达愿景	
我的感受	

汉画像石中的神话故事，有反映自然宇宙的，有涉及君权神授的，也有追求现世荣华的……在汉画像石中，汉代人营造了一个自由浪漫的神话世界。（设计意图：通过合作互助学习，引导学生了解汉画像石的文化底蕴，感受汉代人对自然社会的认知力以及对人生信仰的追求。出示图片、视频，创设学习情境，引导学生想象远古世界，理解汉画像石背后的意义。）

后羿射日

后羿射日：后羿射日的故事在中国文化中具有重要的地位，它代表了人类对自然力量的控制和征服，体现了一种勇气和责任。

夸父逐日：表现了夸父无比的英雄气概和为后人造福的精神，反映了古代人民探索、征服大自然的强烈愿望和顽强意志。

（2）教师总结。

夸父逐日

从汉画像石中我们看到了先人们如何屹立于天地之间、如何传承中华文明,以及如何影响并激励中华儿女战胜艰难险阻一步步走到今天的。

徐州汉画像石中的神话故事反映了古徐州人最早的宇宙观、世界观、人生观,影响着汉代人的生活,下节课我们将揭秘汉画像石,还原汉朝生活。

6. 学习评价与作业设计

(1)学习活动评价。

活动评价表

评价要点	学生自评 ☆☆☆☆☆	组员互评 ☆☆☆☆☆	教师评价 ☆☆☆☆☆	评价等级说明
是否准备充分、研究深入				优秀:总得星数为 60 颗及以上;
是否大胆展示、清晰表达,能否高效合作				良好:总得星数为 35~59 颗;
是否有创新性				合格:总得星数为 30~34 颗;
是否能全面总结活动并畅谈心得				不合格:总得星数为 34 颗以下
合计	总得星数:( )		评价等级:( )	

(2)作业设计:完成彭城神话故事收集卡。

彭城神话故事收集卡

故事名称:＿＿＿＿＿　　主人公:＿＿＿＿＿

1. 收集自己最感兴趣的与神话有关的汉画像石。
2. 借助思维导图梳理故事。
3. 开动脑筋,你想为《彭城汉画故事:创意拓片连环画》添加哪些神话元素?

(二)第二课时:穿越汉画像石、玩转汉时代

1. 教学内容

通过寻找、收集汉画像石的图片资料,了解汉代社会生活方式,根据"汉代穿越指南",玩转汉朝。

2. 学习目标

(1)欣赏图片资料,分析汉画像石的内容,认识到其题材是汉代社会生活的缩影。

(2)尝试穿越汉朝,感受汉代人日常生活的丰富多彩,培养学生热爱生活的情趣。

(3)通过古今对比,探寻汉代文明。领会汉文化的艺术内涵与影响,增强传统文化自信,提高欣赏、评述和创造能力。

3. 学习准备

(1)教师准备:制作调查问卷;多角度收集汉画像石图片;制作"汉代穿越指南"。

(2)学生准备:查阅、收集资料,了解汉代人的衣食住行。

4. 预设过程

教师借助视频资源,向学生简要介绍汉代人的生活,揭示主题。

(1)情境创设。

如果有一天,你睁开眼睛发现自己穿越到了汉代,你该如何生活?在汉代,人们吃什么、穿什么、玩什么?又有着怎样的生活习惯?不要惊慌,我们就做一天汉代人。

(2)采集学情,聚焦教学。

① 课前通过发放调查问卷,梳理学生最想了解汉代生活的哪些方面。

② 依据学情,制作"汉代穿越指南"。

(3) 学习活动:玩转汉朝。

① 教师发放"汉代穿越指南",让学生选择最感兴趣的一个项目,并根据兴趣组队,选举组长,组长有序组织活动。

② 学生根据"汉代穿越指南",寻找汉画像石中的生活片段,根据提示填写任务卡。

③ 各小组汇报研究成果,进行古今对比,找出古今彭城人生活方式的异同,交流对汉文化的感受。(设计意图:汉画像石里的生活场景有很多,比如农耕、狩猎、纺织、出游、杂耍、宴饮、烧烤等,表现出了浓重的生活气息。让学生根据"汉代穿越指南",分组去寻找不同市井街头的场景,在活动中激发学生的参与性。通过让历史说话、让文物说话,增强民族自尊和自信,让国宝成为孩子人生的宝藏,让传统在当代能够真正鲜活起来。)

a. 预设1:美食达人,通过汉画像石庖厨图、烤肉图、迎宾宴饮图等,发现徐州本土的美食文化,如烤肉、伏羊节等。

"庖厨图"记录下了徐州早在东汉时期就有吃羊肉和烧烤的习俗。直到现在,徐州还保留着"伏天吃伏羊"的习俗,并将这一习俗发展成为全民参与的盛大节日——伏羊节。

b. 预设2:汉朝背包客,从汉画像石车马出行图推测汉代人的出行方式和沿途风景。

从汉画像石车马出行图的图像资料,可以看出汉代的车马制度和迎候礼仪。

c. 预设3:游戏王,从汉画像石蹴鞠长袖舞、抚琴长袖、击磬图等可以看出汉代人民的娱乐方式非常丰富。

因为汉代人对乐舞的喜爱,汉代的墓葬中刻画了许多乐舞百戏的图像。

d. 预设4:运动博主,从汉画像石比武图、七力士图等可以判断汉代人习武已成风气。

在七力士图中,七个力士均双目圆睁,动作各异,形象极其生动传神。为了表现力士的大力气,雕刻者别出心裁,将几位力士的脚刻到画框的下界外。

汉代穿越指南

指南共分为美食、出行、娱乐、养生四集。

● 如果你是美食达人,这部指南会教你在汉代如何做一个优雅而又合格的"吃货";

● 如果你是背包客,这部指南会教你在汉代如何顺利出行;

● 如果你是游戏迷,汉代虽然没有手机没有电影,但并不无聊,好玩的娱乐方式也不少;

● 如果你是运动博主,虽然没有健身房,汉代健身方式也十分丰富,穿越汉代也养生。

角色	图片名称	我的发现
美食达人		美食类别、烹饪方式、食物存储、饮食文化……
汉朝背包客		出行方式、沿途风景、建筑风格……
游戏王		博具、投壶、百戏、斗鸡
运动博主		比武、乐舞、相扑……
其他角色		

(4)展评与作业。

① 在学校进行展评活动,颁发最具创意奖、最佳穿越奖、最佳探险者等奖项。

② 作业:阅读《汉画像石里的生活》,想一想,你能为《彭城汉画故事:创意拓片连环画》的制作增加哪些生活元素呢?

庖厨图

车马出行图

汉代人的娱乐方式

乐舞百戏

七力士图

5. 学习评价

活动评价表

活动名称	评价方式	评价项目与内容	学生自评	同伴互评	教师评价
汉代穿越指南	参观部分	能认真跟随教师参观,并发表对于汉画像石的看法			
	认知部分	通过汉画像石了解汉代人民的生活片段			
	态度部分	能学习合作分工完成任务的方法; 能与小组成员愉快合作并在合作中勇于创新; 能倾听他人的意见并尊重他人的意见			
	记录部分	能认真、合理地完成"汉代穿越指南"的填写; 能在记录活动的同时写出自己的收获与体会			

6. 活动总结

本课时活动以"汉代穿越指南"为任务目标,学生通过情境带入、角色扮演、小组合作等形式,穿越千年,感受到了汉代人民的日常生活方式,感受到了汉画像石的独特魅力。下节课,让我们一起来探究汉画像石中新奇生动的历史故事。

(三)第三课时:演绎汉画像石、体悟历史情

1. 教学内容

(1)通过对学生收集的"二桃杀三士"史料进行梳理汇总,初步感受汉画像石中丰富的文化韵味。

(2)演绎历史小剧场,启发学生以剧中身份,从不同视角评价历史事件,感悟其蕴含的教育意义。

2. 学习目标

(1)学生走近历史人物,演绎历史故事,体会历史故事蕴含的道理,陶冶情操,树立正确的价值观,培养良好的品德,感悟抑恶扬善的意义。

(2)通过多种方式使学生加深对汉画像石的理解,培养学生的文化自信,进一步增强历史的责任感和使命感。

(3)学生收集历史故事,探寻人物特点,感悟深邃的寓意,提高发现问题、分析问题、解决问题的能力。

3. 教学方法与策略

(1)文献收集法:收集秦汉时代以来的经典历史故事。

(2)情境教学法:创设情境让学生代入历史人物身份,激发学生的学习兴趣。

4. 学习准备

(1)教师准备:撰写历史小剧本,制作历史人物名片,简要介绍人物性格特征,准备相关服装和道具。

(2)学生准备:查阅汉画像石资料,了解"二桃杀三士"的基本史实。

5. 预设过程

(1)导入。

据不完全统计,全国各地共有十余块有关二桃杀三士的画像石,虽题材相同,但画面不同。为什么汉代人会如此偏爱这个历史故事呢?故事的背后又蕴含怎样的道理呢?让我们一起开始今天的学习。

(2)学习活动。

① 活动一:读史博闻。

a. 组内交流"二桃杀三士"相关内容,并推选一位代表进行班级汇报。

b. 讲解员就学生汇报进行评析补充。

c. 观察汉画像石馆内现存"二桃杀三士"汉画像石的图案,提出自己的疑问。组内梳理问题清单,班级交流汇总。

② 活动二:历史剧场。

走入"历史小剧场",沉浸式体验,寻找问题的答案。

③ 活动三:品史悟道。

启发学生以剧中身份、从不同视角评价历史事件,引导学生以多元的角度欣赏汉画像石。(设计意图:"以史为镜,可以知兴替"。了解历史文化,从中汲取知识和经验,是学生成长中极为重要的辅助力量。本次历史小剧场,将中国历史中原本僵硬的年代、人物、事件,进行了有生命且系统性的呈现,启发孩子以多元角度看历史,并学会思考历史,让历史故事活起来,让孩子与历史人物交朋友,让历史来拓宽孩子的胸怀。)

6. 学习评价与作业设计

(1) 学习评价。

① 问答评价:通过提问的方式对学生现场表现进行评价。

② 量表评价:依据评价量表,多维度、多层次进行过程性评价。

③ 展演评价:通过历史小剧场,对参与度、表现力等进行多方面评价。

活动评价表

评价要点	自评	互评	师评
准备充分,了解历史			
认真倾听,深入思考			
主动参演,角色生动			
能多角度评价历史人物			
树立正确的价值观			

(2) 作业设计。

① 时空倒流:你想为这个历史故事更改怎样的结局?

② 开动脑筋:你想为《彭城汉画故事:创意拓片连环画》中添加哪些历史元素?

7. 教师总结

跟着剧本玩历史,将汉画像石中原本僵硬的历史故事,进行了有生命且系统性的呈现,让历史故事"活"起来。通过探寻汉画像石中寓意深邃的故事,我们初步感悟汉画像石中体现的文化内涵。

(四)第四课时:抚触汉画像石、寻彭城之根

1. 教学内容

(1)通过寻找汉画像石中人物类、动物类以及其他种类的异域元素,解密汉画像石中的文化交融现象,树立正确的文化交融观。

(2)了解徐州在汉画像石中的历史地位,增强对本土文化的认同感,培养学生热爱家乡的思想感情。

2. 学习目标

(1)了解汉画像石的历史背景和文化内涵,感受中华文化悠久的历史和博大精深。

(2)通过复现、寻找、解密等活动,能正确认识不同文明之间交流借鉴的重要性。

(3)提升学生对汉画像石的审美情趣和理解能力,增强对本土文化的自信和认同。

3. 教学方法与策略

(1)情境教学法:创设情境让学生走入汉代,激发学生的学习兴趣。

(2)讲授法:讲解知识、解答疑问,让学生了解汉画像石的历史和文化背景。

(3)观察法:让学生观察图片、视频,深入理解汉画像石在文明融合和交流方面的影响,探究汉代画像石中的文明融合。

(4)小组讨论法:学生进行思辨性学习,使学生乐于表达,提高学生的口语表达能力,激发学生的历史唯物主义思想。

4. 学习准备

(1)教师准备。

① 调查学生对汉代历史的了解程度及已掌握的历史知识。

② 跨媒介、多渠道地查阅、收集现存汉画像石的图片及文字资料,制作任务卡。

③ 深入挖掘徐州汉画像石背后的历史、文化、政治等方面的内涵。

（2）学生准备。

① 查阅地图、史料，了解两汉的版图以及重大历史事件。

② 通过查阅书籍、借助媒体、实地考察等多种方式收集汉画像石的图片及文字资料，了解家乡徐州的历史文化变迁，做好学习分享交流准备。

5. 预设过程

（1）情境创设。

围炉烧烤的时候，朋友们谈到了长安的所见所闻，他们不仅见到了高鼻、戴尖顶帽的胡人，还见到了骆驼、大象等异域动物……

（2）学习活动。

① 活动一：复现——寻找画像石中的异域人。

a. 寻找异域人。

在徐州汉画像石等汉代文物中有许多反映胡人的图像，如胡汉战争、胡人狩猎、胡人吹箫、胡人伎乐石雕等有关图像。根据自己收集的历史资料，组内合作完成下列表格。

寻找异域人资料收集情况

类别	名称	我的疑惑
战争类		
歌舞类		
狩猎类		
……		

b. 交流反馈：各组推选一位代表分享成果，讲解员评估。

c. 教师补充相关资料，学生提出假设：汉画像石中存在文化融合的印记。

② 活动二：寻找——抚触画像石，寻找文化融合的印记。

a. 读资料，寻印记。

b. 依据报纸中的信息,分组寻找汉画像石,填写表格。

寻找汉画像石情况

序号	名称	代表图案	我的推断理由
1			
2			
3			
4			
……			

- 小组分享,班级汇报。
- 探寻域外动物出现在汉画像石中的其他原因。结合史料,小组讨论汇报。验证假设,得出结论:汉画像石中确实存在文化融合的印记。
- 分析文化融合的原因,得出结论:关市的建立及丝绸之路的贯通,是中外文化交融最为直接的原因。(设计意图:汉画像石中有胡人、骆驼、大象以及佛教人物等许多外来艺术形象。这些外来艺术形象反映了汉代战争、丝绸之路、佛教的传入等对汉代文化艺术的影响,是多元文化融合的物化表现。通过活动一和活动二的设计,让学生发现汉画像石中的多元文化融合现象,并能逐层深入理解其原因。)

③ 活动三:解密——汉画像石中的地域特色。

五省通衢达天下,两汉文化看徐州。汉画像石中的一个"汉"字,道尽了徐州的根与魂,让我们一起解密汉画像石中的彭城之魂。

a. 出示徐州及其他省份汉画像石的图片资料,引导学生观察并整理自己的发现。

b. 分组梳理一个有关汉画像石中本土文化特色的问题,在班级汇报,其余小组补充。

c. 通过讲解员的解答,完善学习内容,学生交流对家乡的新感受。(设计意图:徐州汉画像石题材丰富、内容广泛,包括神话传说、历史故事、现实生活等内容,涉及汉代的政治、经济、思想、文化、民俗等各个方面,是汉代社会的一个缩影,亦可称其是一部汉代史。因此,引导学生去探究徐州汉画像石中的南北融合、地方特色,有助于学生认同家乡文化,了解家乡、爱上家乡。)

(3)学习活动评价。

活动评价表

评价要点	自评	互评	师评
准备充分,了解历史			
认真倾听,主动参与			
了解汉画像石相关知识			
能够正确看待文化融合			
认同家乡文化,热爱家乡文化			
合计			
评价等级:			

我的收获:

(4) 作业。

① 收集汉画像石中能够体现文明交融的代表作,以图片或文字的方式记录下来。

② 通过本课的学习,你想为《彭城汉画故事:创意拓片连环画》选择什么题材的拓片呢?

6. 教师总结

徐州是汉代区域性的政治、经济、文化中心,同时也是南北文化的交融之地。徐州汉画像石具有很强的兼容性,在雕刻风格上博取众家之长,在内容上跨越神话、历史、现实等多个领域,在表现场域上显示了完备的礼仪制度,具有徐州特色。

(五) 第五课时:拓印汉画像石、创作彭城十二时辰

1. 教学内容

在前面的系列学习活动中,学生已掌握一定的汉画像石知识。在此基础上,引导学生以"彭城十二时辰"为主题,进行汉画像石文创作品体验。

2. 学习目标

(1) 基于前期学生对汉画像石主题学习的深刻体验,引领学生进一步感受汉画像石文创作品的艺术之美。

(2) 感悟汉画像石文创作品的艺术特色,激发开展汉画像石文创的兴趣,掌握简单的拓印方法,尝试制作"彭城十二时辰"拓片连环画。

(3) 理解徐州汉画像石的独特意义,提升家乡文化自豪感。

3. 教学重点与难点

(1) 教学重点:汉画像石拓印的方法。

(2) 教学难点:激发开展汉画像石文创的兴趣,提升家乡文化自豪感。

4. 学习准备

卡纸、拓印包、颜料、笔、范画等。

5. 预设过程

(1) 导入。

① 视频回顾汉画像石主题学习情况。

② 分组汇报,学生就汉画像石中的生活、神话、历史、文化融合等方面,选择自己喜欢的某一点进行汇报。

③ 揭示学习任务:《彭城汉画故事:创意拓片连环画》

(2) 学习活动。

① 活动一:欣赏、了解拓片文化。

PPT 展示汉画像石文创作品,初步归纳拓片作品的特点。

② 活动二:交流讨论文创内容。

汉画像石展现了汉代人日常生活的片段,可将其按照时辰简要划分为清晨、午后、晚间三个时间段。如果把汉代人的日常生活按照十二时辰划分,想一想哪些时间段的生活片段最有徐州特色呢?

各组按照顺序选择时间段后,寻找符合该时间段的汉画像石,整合信息,完成表格。

按照时间段寻找汉画像石情况

时辰	对应时间	生活片段	汉画像石名称
子时	23:00—次日01:00		
丑时	01:00—03:00		
寅时	03:00—05:00		
卯时	05:00—07:00		
辰时	07:00—09:00		
巳时	09:00—11:00		
午时	11:00—13:00		
未时	13:00—15:00		
申时	15:00—17:00		
酉时	17:00—19:00		
戌时	19:00—21:00		
亥时	21:00—23:00		

a. 预设1：熙熙晨起声，攘攘徐州情——卯时。

一日之计在于晨。熙熙攘攘的晨起声中，村民们扛着农具、拉着牛车日出而作；小商贩们走街串巷地叫卖着；官员们乘着轺车赶到"办公室"点卯，古彭城人的一天拉开了序幕。

b. 预设2：浩浩云龙水，渺渺徐州景——申时。

在悠闲的午后，古彭城人爬一爬云龙山，俯瞰云龙湖的美景，波光粼粼的湖水尽收眼底。

c. 预设3：袅袅烟火气，浓浓徐州味——戌时。

结束了一天的劳作，戌时是古彭城人畅享美好夜生活的开始。漫步古彭城街头，袅袅烟火气。三五好友围坐一起，吃着烤串、喝着雉羹、啃着烧饼、欣赏着百戏，酒足饭饱之后，下一下六博棋，畅谈海阔天空，好不惬意。

③ 活动三：制作"彭城十二时辰"拓片。

a. 教师带领学生来到体验区，向学生介绍拓片并演示拓印过程、讲述要点。

- 敷纸：用清水将石头喷湿，将平整的宣纸敷上，用毛巾轻轻垂直按压，直至宣纸与画像石基本贴合。

- 捶打：用带棕毛的打刷轻轻捶打，以画面细微处显露出来为宜。

- 上墨：赶在宣纸未脱离石头之前着墨，上墨时应先轻上、少上，以试探纸张上墨后的效果。

- 完善：丰富汉画像石内容与颜色。

b. 进行渲染，完成创作。

- 各组认领不同时辰的拓片制作任务，并组内分配。
- 各组交流创作作品，介绍创造思路。
- 作品互评，根据其他组的意见，修改完善拓片。

c. 装订成册，给连环画设计封面、封底，撰写序言，以求完善。

（3）总结与展评。

① 师生共谈创作感受。

② 在学校进行创意拓片连环画展评活动。

6. 学习评价

（1）量表评价：依据评价量表多维度、多层次进行过程性评价。

（2）作品展评：将课堂上制作的拓印画向家人、朋友展示，并讲一讲这幅画的内容。

活动评价表

评价项目	评价要点	自我评价	同伴评价	教师评价
学习过程	课程学习	主动参与，及时认真记录，积极探索，善于发现	☆☆☆☆☆	☆☆☆☆☆
	团队合作	与小组成员和谐相处，乐于助人，勇于承担责任	☆☆☆☆☆	☆☆☆☆☆
	遵守纪律	时间观念强，听从指挥，按要求参加活动	☆☆☆☆☆	☆☆☆☆☆
	文明礼仪	举止文明，注重礼仪，遵守秩序	☆☆☆☆☆	☆☆☆☆☆
学习成果	研究主题	主题鲜明、独特，与研究内容一致	☆☆☆☆☆	☆☆☆☆☆
	成果内容	内容充实完整，思路清晰，有自己的观点与结论	☆☆☆☆☆	☆☆☆☆☆
	呈现形式	体现研究特点，切合研究内容，新颖独特	☆☆☆☆☆	☆☆☆☆☆
	展示效果	语言流畅，表达生动，能积极与同学交流互动	☆☆☆☆☆	☆☆☆☆☆
个人感悟：				
同伴留言：				
教师寄语：				

六、活动小结

本次活动，以制作《彭城汉画故事：创意拓片连环画》为任务目标，学生通过自主探究、小组合作、动手实践等形式推进任务，改变了学习方式和思维方式，提高了解决问题的能力。学生在交流中，理解、感悟汉文化，激发创作灵感；在创作中，留意家乡美景，发掘汉画像石新的生命力，让家乡之美得到了延续。

课程4 健康"童"行者
——守护"睛"彩"视"界,点亮光明未来

一、活动背景

关爱自己的身体健康,学会保护自己的生命安全,是学生最基本的需求。在小学阶段,很多学生逐渐戴上了小眼镜。因此,我们选择"眼睛保护"活动进行项目学习。

个人问题驱动:我班祝菡璐同学戴眼镜上体育课时,不小心将眼镜弄坏的事情,让她有了些许烦恼,对于近视眼的问题,她自己感到很苦恼,想呼吁大家保护眼睛。

集体问题驱动:一年级时,我班一个近视的同学都没有,仅仅两年时间,陆续有7名同学戴上了眼镜。经过调查,部分戴眼镜的同学觉得戴上眼镜很酷,很不错;大部分没戴眼镜的同学认为自己不可能近视,没必要过度担心。

社会问题驱动:根据国家卫健委调查数据,2023年全国儿童青少年总体近视率为52.7%,其中小学生为35.6%、初中生为71.1%、高中生为80.5%。

我国青少年近视呈现高发、低龄化趋势,严重影响孩子们的身心健康,这是一个关系国家和民族未来的大问题,必须高度重视,不能任其发展。

青少年健康无小事。我国青少年视力健康始终牵动着习近平总书记的心。习近平总书记强调,全社会都要行动起来,共同呵护好孩子的眼睛,让他们拥有一个光明的未来。

二、课程目标

(1) 通过对近视人数的深入调查与探究,认识到健康生活很重要。

(2) 通过合作完成项目任务,学会与同伴友好相处。

(3) 通过自主探究,学习护眼知识,掌握必备的预防近视的小方法。

(4) 通过基地探访,深刻感受到生命健康的重要性,懂得自我保护。

(5) 通过每个环节项目任务的完成,乐于学习,并体会成长的快乐,能够看到自己的进步和不足。

(6) 通过项目评价,学会欣赏他人的优点和长处。

(7) 通过宣讲活动和调查活动,能够大胆地表达自己的感受,学会倾听他人的意见。

(8) 通过宣讲会的开展,有了更多的热爱学校、热爱集体的荣誉感,能够关心他人、帮助他人,逐步形成责任感。

三、学习准备

(一) 教师准备

(1) 护眼项目落地的学情调查。

(2) 根据学生实际情况与基地情况,针对性地进行对接。

(3) 准备眼镜的模型。

(4) 开展项目活动家长推进会。

(5) 做好眼防所基地外出活动及安全应急方案。

(6) 做好学校、家长、基地各方沟通。

(7) 协助学生做好项目探究方案及各个环节的探究评价表。

(8) 做好有关护眼的知识储备,在项目探究的过程中更好地协助、引导学生。

(二) 学生准备

(1) 自主学习相关护眼知识。

(2) 准备卡纸、剪贴报、各种与眼睛相关的素材,根据任务进行操作。

（3）做好相关探究活动的知识、心理、能力、合作准备。

（4）学习简单的调查、统计、采访、表达等方法。

四、项目探究梳理

为了使整个项目探究过程有条不紊地进行，在老师的指导下，学生先后对学习任务和项目实践开展深入讨论，制作了项目日程表和项目探究思维导图。

"光明未来"计划项目学习日程表

项目阶段	具体活动	课时安排	具体时间	备注
项目准备	学生商讨提出问题、制定项目方案，根据阶段任务科学分工	2课时	4月6日至7日	
项目实践	第一阶段：调查、问卷、采访； 第二阶段：资料查找、小组商讨整合 第三阶段：基地探访、解决疑问； 第四阶段：各小组任务整合，成立宣讲小分队，完成相应的展示任务（宣讲任务、手势舞展示、宣传片拍摄、宣讲手册制作及讲解）	第一阶段2课时，第二阶段3课时，第三阶段3课时，第四阶段4课时	第一到第三阶段：4月8日至14日；第四阶段：4月17日至18日（4月15日至16日在家进行展示准备）	
项目成果展示	到二年级各班进行宣讲：游戏→问卷调查总结及心得交流→护眼宣讲（PPT讲解，结合眼睛的结构、近视眼的形成原因、带来的麻烦）→基地探访介绍及心得、讲解保护眼睛的重要性、怎样保护眼睛→为保护我们眼睛该怎么做→介绍宣讲册→手势舞展演→播放宣传片	若干课时	4月19日	
项目评价	贯穿于整个项目各个阶段，并在最后开展项目评价交流会	若干课时	4月20日	

- "光明未来"计划
  - 项目准备
    - 问题驱动
    - 方案的制定、选题 — 守护"晴"彩"视"界，点亮光明未来
    - 讨论项目研究方案 — 各小组进行分工，研究如何保护视力
    - 关于近视眼的初次疑问
  - 项目实践
    - 第一阶段：调查，问卷，采访
      - 各年级、各班近视人数 — 了解保护视力的必要性
      - 对近视、非近视的同学进行问卷调查 — 了解近视原因
      - 采访医务室老师、家长 — 了解学校近视的情况
      - 采访家长 — 为了保护我们的眼睛做了哪些事情
    - 第二阶段：自我学习探究 — 资料查找、小组商讨整合
      - 眼睛的构造，对眼睛的认识
      - 什么是近视，近视的原因，近视带来的麻烦
      - 保护眼睛的重要性
      - 如何预防近视
    - 第三阶段：基地探访、解决疑问
      - 写心得
      - 班级介绍
    - 第四阶段：各小组任务整合，成立宣讲小分队，完成展示任务
      - 制作剪贴报，自己练说，形成宣讲手册
      - 学习护眼手势舞，观看护眼宣传片
      - 成立宣讲小分队
  - 项目成果展示
    - 到二年级各班进行爱眼护眼宣讲
    - 宣讲手册制作与讲解
    - 手势舞
    - 宣传片
    - 项目探究的持续进行
  - 项目评价
    - 学生自评、组评
      - 贯穿于每一个环节的项目研究的评价表
      - 学生的感受
        - 当下的收获
        - 现在的改变
        - 将来的计划
    - 教师评价 — 和学生一起做项目的反思与改变

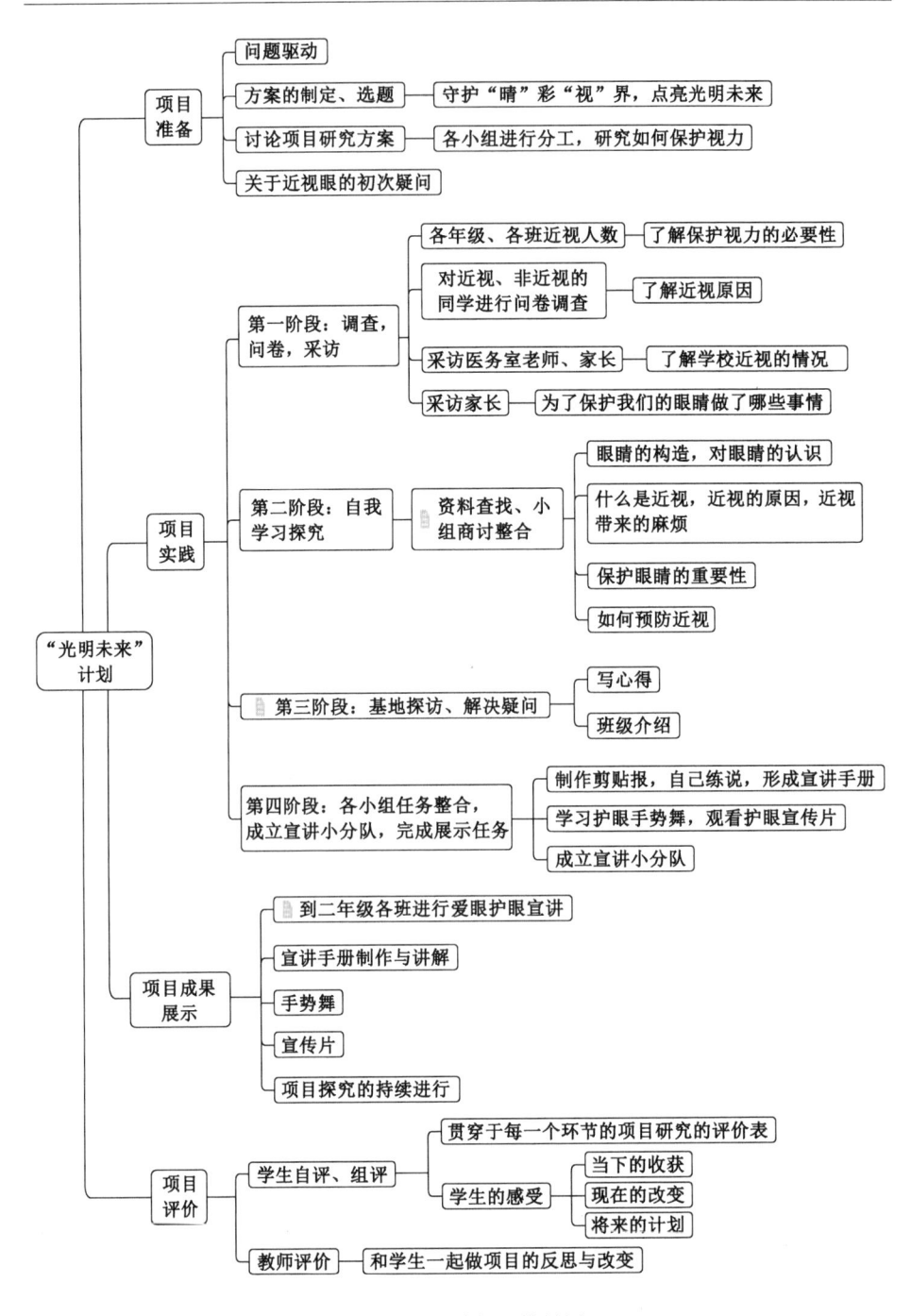

"光明未来"计划思维导图

五、项目启动

(一)学生分组

我班一共有 52 人,我根据项目探究任务将学生分成 4 个小组。在不同的项目探究阶段,给学生分配不同的任务,这样每个学生都能全程参与护眼探究项目,以锻炼和发展学生的不同能力。

项目探究学习的过程中,既有分工,也有合作,要让团队里的每一位成员都能明确自己的任务和职责,调动每个学生的积极性。

(二)制作量表、及时评价激励

为了增强团队合作的凝聚力,从项目探究开始,请每位团队成员签订团队契约。

1. 项目团队契约

项目团队契约

项目名称	守护"睛"彩"视"界,点亮光明未来
项目成员	
我们的约定	1. 我们都承诺:要满怀敬意互相倾听观点
	2. 我们都承诺:要尽我们所能完成好任务
	3. 我们都承诺:要按时完成任务
	4. 我们都承诺:如果需要,我们将会求助于他人
	5. 我们都承诺:享受每一个活动和过程
	6. 我们都承诺:不满足于每一次的结果,要想办法做到更好
小组成员签名	

2. 项目小组互动与合作能力评价

为了对学生的合作探究给予鼓励、激发他们的学习内驱力,及时对项目小组互动与合作能力进行评价。

活动评价表

小组名称：_____　姓名：_____　时间：_____

评价内容	自评	组评	师评
小组成员相互鼓励，彼此帮助	☆☆☆	☆☆☆	☆☆☆
所有的小组成员都能参与到项目工作中去	☆☆☆	☆☆☆	☆☆☆
项目工作分解给各项目成员，并最终得以完成	☆☆☆	☆☆☆	☆☆☆
小组与其他小组的合作很好	☆☆☆	☆☆☆	☆☆☆
小组能够有效地利用各个成员的优势	☆☆☆	☆☆☆	☆☆☆
小组成员能够有效地解决冲突	☆☆☆	☆☆☆	☆☆☆

评价说明：努力(1颗星)，合格(2颗星)，优秀(3颗星)

六、项目实践

(一)第一阶段：项目调查、自主探究

调查问题驱动：部分戴眼镜的同学觉得戴眼镜还不错，很多学生认为自己不会近视。对该情况进行调查，讨论是否有必要进行眼睛保护。

(1)全校学生近视情况调查。

(2)关于眼睛的问卷调查(对比)。

(3)医务室查找相关数据(历年来全校近视率)。

(4)采访家长、老师、医生，了解他们为保护眼睛做了哪些工作，听听他们想对我们说什么。

1. 第一课时：为调查、采访做准备

(1)学生通过讨论确定自己为什么要调查，明确调查目的。

(2)确定调查内容，班级共同讨论调查内容的可行性，学会取舍、调整。

(3)学校近视人数统计，引导学生计入时间成本、人力成本、效果成本等多方面因素。

(4)问卷调查对象的确定：近视的同学与非近视的同学(分为不同年级、不同班级、不同性别)。

(5)采访学校医务室老师,了解我校每年进行的学生眼睛屈光度筛查的数据、近视眼的人数及数据走势。

以上调查均要求学生做好分工、资料准备、心理准备、话术准备、小组合作协同准备,教师应做好预演指导。要求调查过程中文明礼貌,高效率完成。

学生进行模拟调查练习,为第二课时调查做准备。

2. 第二课时:实地调查、采访

在第一课时的基础上,学生利用课间时间、午休时间等进行问卷调查(抽样调查)、近视人数调查(抽样调查),以及采访学校医务室的老师。

二年级学生制作问卷调查和统计调查表相对较难,问卷星的利用很大程度解决了这一问题。教师和学生们一起商讨问卷星里的题目是否可行,如何修改。教师建议学生注意题量、难度、问卷目的是否达成。

教师做好引导,提醒学生注意合作分工(记录员、解释说明员、数据统计员、调查员……)、提高效率、采访时要用礼貌用语,并做好数据记录和问卷记录保管工作。

3. 第三课时:调查统计与结论

(1)学生对自己调查的资料进行总结,并说出调查心得。小组进行数据统计、汇总、总结。

(2)班级对调查环节出现的问题展开讨论。

(3)返回到驱动问题:根据调查数据与心得,教师组织学生再次探讨保护眼睛这个项目有没有必要进行。

（4）学生对方案再次梳理，明确各阶段任务，总结项目探究成果，明确不仅自己要保护好眼睛，还要让身边的人都去保护眼睛。

（5）完成评价表。

学生调查活动评价表

小组名称：_____ 姓名：_____ 时间：_____

评价内容	自评	组评	师评
专注参与调查活动	☆☆☆	☆☆☆	☆☆☆
遵守组内纪律，文明调查	☆☆☆	☆☆☆	☆☆☆
积极发现问题，记录问题	☆☆☆	☆☆☆	☆☆☆
能与组员有效沟通	☆☆☆	☆☆☆	☆☆☆

评价说明：努力（1颗星），合格（2颗星），优秀（3颗星）

（二）第二阶段：利用资源，助推学生多路径探究

1. 第一课时

（1）根据项目方案，明确项目分工。

项目一组：了解眼睛的相关知识。

项目二组：了解近视的原因及危害。

项目三组：了解保护眼睛的重要性。

项目四组：了解如何保护眼睛、预防近视。

（2）各小组选派组长，提前做好微信建群工作。

（3）组长明确职责，做好各组组员资料的收集上传、学习资料的质量跟进等。

（4）小组探讨如何查找资料，找哪些和眼睛相关的资料，以及资料收集中需要注意的事项。

（5）明确自主学习的目的：保护自己的眼睛，并为护眼宣讲会做准备。

2. 第二课时

（1）在小组长的组织下，各小组讨论、选择可用的学习资料，整理资料，

练习讲说。

（2）资料选择时，可以请教家长或者老师给予建议。

（3）对于资料收集时出现的问题，各小组讨论解决，或者班级集体讨论解决。

（4）每组推选宣讲代表，讲解自己组的材料。

（5）完成交流发言评价表。

学生交流发言评价表

小组名称：_____　姓名：_____　时间：_____

评价内容	自评	组评	师评
能发新问题，大胆提出问题	☆☆☆	☆☆☆	☆☆☆
能清楚地表达自己的观点	☆☆☆	☆☆☆	☆☆☆
遇到分歧时，能有效与他人沟通	☆☆☆	☆☆☆	☆☆☆
会耐心倾听他人的发言	☆☆☆	☆☆☆	☆☆☆
严格遵守组内纪律	☆☆☆	☆☆☆	☆☆☆

评价说明：努力（1颗星），合格（2颗星），优秀（3颗星）

（三）第三阶段：利用基地资源，护眼探究学习

（1）在小组长的组织下，各组做好去基地的准备。

（2）明确基地探究和纪律要求。

① 明确探究要求。

带着与眼睛有关的问题求助医生帮助解决疑惑，进一步学习眼睛的相关知识。

项目一组：验光中心探究组。

项目二组：近视眼防控探究组。

项目三组：弱视情况探究组

项目四组：配镜中心探究组

② 明确纪律要求。

a. 活动前准备的注意事项。
- 准备充足的饮用水,参观前喝足,参观过程中尽量不要饮水。
- 提前做些准备,让孩子了解预防近视的知识。
- 医院内禁止大声喧哗、禁止打闹,以免影响医务人员工作和患者就诊。

b. 活动过程中的注意事项。
- 按照小组排队,有序参观。
- 上下楼梯注意安全,禁止追逐、打闹。
- 参观过程中小声交流,认真听医生讲解。
- 走散后不要惊慌,可以在一楼大厅门口等待。

c. 活动各环节可能出现的意外及应对措施。
- 往返途中迷路。措施:事先对活动路线、地点进行勘察,做到心中有数。
- 意外伤害。措施:首先明确活动纪律,确定负责人,分小组管理;其次,加强学生自我保护意识。
- 走散。措施:参加活动学生统一着装,目标明显,便于互相寻找,防止掉队。

(3) 每位基地探究学习成员都要交一份心得体会,并做好学习记录,回到学校要给没有去基地的同学进行分享。

(4) 明确探究目的,小组讨论每一组的学习任务。在基地探究时,各小组合作完成探究项目。

(5) 完成基地学习评价表。

学生交流发言评价表

小组名称:_____ 姓名:_____ 时间:_____

评价内容	自评	组评	师评
小组分工明确,知道学习目的,了解各自分工并相互交流收集的信息内容	☆☆☆	☆☆☆	☆☆☆

续表

评价内容	自评	组评	师评
主动收集资料,遇到疑问会向引导者提问,做好记录	☆☆☆	☆☆☆	☆☆☆
认真倾听讲解,做到文明参观	☆☆☆	☆☆☆	☆☆☆
主动思考,积极提出问题	☆☆☆	☆☆☆	☆☆☆
主动与他人交流参观时的收获	☆☆☆	☆☆☆	☆☆☆

评价说明:努力(1颗星),合格(2颗星),优秀(3颗星)

(四) 第四阶段:蓄力宣讲、做足准备

(1) 制作剪贴报,学会自己练说,形成宣讲手册。

(2) 各小组确定剪贴报内容,每个小组成员都要做一份剪贴报,形成本项目组的宣讲手册。

(3) 学生自己录制宣讲小视频,并发到各小组项目群,供大家学习交流。

(4) 学习护眼手势舞,建立手势舞微信群,小组长组织成员利用课余时间练习。学生自排队形,能边唱边跳,大方自信。

(5) 招募家长志愿者和学生一起拍摄护眼宣传片。

(6) 成立宣讲小分队,练习宣讲内容。

(7) 召开宣讲准备会。

① 在小组长的带领下,一起确定宣讲内容。

② 大家一起讨论宣讲要求。

③ 利用课余时间合作宣讲。

(8)完成宣讲手册评价表和爱眼护眼知识习得评价表。

宣讲册评价表

小组名称：_____ 姓名：_____ 时间：_____

评价项目	评价	自评	组评	师评
制作过程	小组分工效果	☆☆☆	☆☆☆	☆☆☆
	作品完成效率	☆☆☆	☆☆☆	☆☆☆
完成作品	内容与意义	☆☆☆	☆☆☆	☆☆☆
	设计构思	☆☆☆	☆☆☆	☆☆☆
	制作工艺	☆☆☆	☆☆☆	☆☆☆

评价说明：努力(1颗星)，合格(2颗星)，优秀(3颗星)

爱眼护眼知识习得评价表

小组名称：_____ 姓名：_____ 时间：_____

评价内容	自评	组评	师评
知道眼睛的重要性	☆☆☆	☆☆☆	☆☆☆
了解保护眼睛、预防近视的方法	☆☆☆	☆☆☆	☆☆☆
关注自己的身体健康，知道生命健康的重要性	☆☆☆	☆☆☆	☆☆☆
保护自己的视力，呼吁、帮助身边的人保护视力	☆☆☆	☆☆☆	☆☆☆
认识到保护眼睛健康是关乎个人、家庭、社会的责任。为了自己的美好未来、家庭的幸福、国家的发展，努力保护自己的眼睛	☆☆☆	☆☆☆	☆☆☆

评价说明：努力(1颗星)，合格(2颗星)，优秀(3颗星)

七、成果展示

（一）项目成果展示

1. 展示内容及方式

（1）阶段任务中呈现的作品。

（2）护眼宣讲会。

（3）手势舞。

（4）护眼宣传片。

（5）宣讲册。

2. 展示流程

（1）游戏导入。

蒙眼取物游戏。本游戏由学生段奕辰和她的妈妈在家中完成，并拍成视频，教师在课上播放，让大家感受眼睛的重要性。

（2）调查结果与心得介绍。

宣讲代表向大家展现前期做的调查结果，让大家知道预防近视是十分必要的。

（3）第一小组向大家介绍眼睛结构。

学生利用模型、前期学习及基地探究学习的内容向大家介绍、讲解眼睛的结构。

成果1：项目调查讲解，解说调查结果和调查目的。

成果2：对自己收集的资料进行讲解。

成果3:和大家分享去基地的心得体会,并呼吁大家保护眼睛。

成果4:展示资料、知识问答、现场解答疑问。

成果5:宣传手册传阅。

成果6:手势舞展示。

成果7:利用宣传片呼吁大家保护眼睛。

成果8:说一说这次项目学习的收获,并录视频。

3. 后续探究

宣讲总结:讨论如何将宣讲内容更高效地传递给每一个人;在第二次宣讲的时候,大家需要注意什么、如何改进(小组长带着各组的建议,参加总结会);完成宣讲员评价表。

宣讲员评价表

小组名称:_____ 姓名:_____ 时间:_____

评价项目	评价内容	评价结果		
		自评	组评	师评
眼神和肢体	与观众能够保持眼神接触,顺畅地使用手势,大方自信,穿着得体	☆☆☆	☆☆☆	☆☆☆
语言	说话音量合适,语速适中,语气变换能引起大家注意,没有口头禅,说话方式适合该场合	☆☆☆	☆☆☆	☆☆☆
组织能力	思路清晰,能选择适量和恰当的信息进行表达,时间把握合理	☆☆☆	☆☆☆	☆☆☆

评价说明:努力(1颗星),合格(2颗星),优秀(3颗星)

(二)项目评价

(1)同学们畅所欲言,说一说自己的改变、收获和计划。

(2)学生们将每一个环节的项目探究评价表进行梳理并反思,找到自己需要改进的地方。

(3) 各项目小组长对各组成员的项目探究评价表进行梳理,找出亮点和不足。

(三) 项目后续任务

(1) 眼保健操评比。

(2) 用眼好习惯养成表。

(3) 护眼知识竞赛。

(4) 护眼宣讲队成员招募。

课程5 "薯"我不一样

一、课程背景

甘薯是重要的粮食、饲料和能源作物,广泛种植于世界上100多个国家和地区。中国是全世界最大的甘薯生产国,鲜薯总产量超过其他所有国家的总和。甘薯具有全面均衡的营养价值和显著的保健功能,是世界卫生组织推荐的健康食物之一。本课程主要针对甘薯中的紫薯进行研究,通过发现问题、探究实践、解决问题等过程,使学生养成良好的劳动习惯和品质,培养学生的劳动精神。

本次课程聚焦父亲节如何给爸爸熬制一碗好看又好喝的紫薯粥这一主问题,通过三个活动任务,引导学生通过日常生活深入了解其蕴含的科学、历史与文化知识,有利于学生科学思维的形成和综合素质的提高。

学生活动依托徐州市农业科学院学生课外实践基地,其科研实力强劲,具有丰富的教师资源,试验田和实验室是本课程理想的实践基地和教学课堂。

二、课程目标

(一)价值体认

通过探究紫薯的奥秘和煮紫薯粥等,体会父母每天做家务的辛苦,树立实践出真知的观念。

(二)问题解决

认识并会使用厨房工具和基本的实验工具,学会做花青素对比实验,总结要点和步骤;会煮紫薯粥。

（三）责任担当

能自主根据任务进行小组分工,并进行团队合作与探究。

（四）创意物化

通过给父亲做一碗粥,深刻体会劳动实践带给我们的幸福生活。

三、课程整体架构

（1）通过调研农贸市场、超市,了解日常生活中的甘薯;通过网络收集资料及咨询家人,了解哪些加工食品的原材料是甘薯,小组合作完成交流报告。

（2）通过认识形形色色的甘薯、参观种质资源库等方式,了解我国拥有丰富的种植资源,了解生物的多样性。

（3）通过参与花青素变色实验,了解生活实验的方法和注意事项。

（4）通过本课程的综合学习,深刻理解甘薯在日常生活中的作用,理解植物生命活动的基本过程和原理。

四、课程评价

（一）表现性评价

表现性评价表

评价项目	评价内容	自画像			伙伴眼中的我			老师眼中的我		
		优秀	良好	加油	优秀	良好	加油	优秀	良好	加油
设计切入点	本次活动的研究对象是什么？你有什么问题？									
寻找兴趣点	寻找自己感兴趣的问题									

续表

评价项目	评价内容	自画像			伙伴眼中的我			老师眼中的我		
		优秀	良好	加油	优秀	良好	加油	优秀	良好	加油
确定研究点	在本次实践活动中重点研究什么？									
融入知识点	实践活动与当下学习有什么联系？									
求答问题串	在本次实践活动中，你是怎样解决问题的？									
连线互动群	在本次实践活动中，你与老师、同学等进行过哪些互动？									
展示成果秀	经过本次实践活动，你取得了哪些劳动成果？									
我的收获与努力方向										

（二）完成"青少年劳动实践活动手册"

在综合实践活动过程中，教师指导学生分类整理、遴选具有代表性的重要活动记录、典型事实材料以及其他有关资料，编排、汇总、归档，让孩子们在实践活动中能够时时记录下自己的点滴进步，并纳入学生综合素质档案。

注意：以上课程涉及工具操作，教师需要在课前为学生讲解相关安全知识。

五、活动具体设计

（一）活动任务一：我家餐桌上有甘薯

1. 活动目标

（1）关注日常生活，能够描述、总结家庭饮食习惯，建立学习与生活的有机联系。

（2）对甘薯的基本情况进行搜索、调研，建立农业、家庭生活和社会的有机联系。

（3）积极和小组成员合作，分析交流甘薯与农业的知识，能够提出自己感兴趣的问题。

2. 活动内容

（1）从"你知道在徐州方言中甘薯叫什么吗?"进入"我家餐桌上有甘薯"，分小组讨论可以通过哪些不同的方式了解甘薯，形成小组方案。

（2）根据小组方案，讨论自己家庭餐桌上是否出现过甘薯；通过与家人沟通，去农贸市场、超市调研等，了解甘薯的价格；通过网络等方式收集、了解甘薯的常识和故事；以小组为单位，形成甘薯的词云图，完成作品《我对甘薯的了解》。

（3）所有小组完成《我对甘薯的了解》作品分享，并完成全班词云图绘制。

（4）教师根据甘薯词云图带领同学总结甘薯相关知识。

3. 活动准备

一张大白纸，彩笔。

4. 活动评价

活动评价表

评价要点	分值	自评	组评	师评	得分
能够主动、多角度收集信息，并获取有效信息	25				
能够积极参与讨论	25				
能够提出自己的想法，并凝练观点	25				
个人总结报告思路清晰、数据翔实、分析合理	25				
合计	100				

个人收获：

备注：得分＝自评×0.3＋组评×0.3＋师评×0.4。

(二)活动任务二:形形色色的甘薯

1. 活动目标

(1)通过观察,能够描述植物器官的特征;了解不同的生物在形态和结构上既有相似之处又有差别;理解生物的多样性对维持生态平衡具有重要的作用。

(2)参观种质资源库与田间保存圃,了解我国拥有丰富的种植资源,了解生物的多样性,形成保护生物多样性的意识和行为习惯,增强社会责任感。

2. 活动内容

(1)教师准备正常形状和异形甘薯薯块,白色、黄色、橙色、紫色薯肉甘薯和杂色甘薯薯块,圆形、心形、三角形、戟形、枫叶形、鸡爪形等不同叶片形状的甘薯植株,绿色、金色、紫色和花色等不同叶色的甘薯植株,学生观察不同的甘薯薯块、薯叶的形状和颜色,描述薯块和薯叶的特征,总结甘薯的基本外形特征,思考甘薯和其他植物的差异,介绍甘薯的近缘关系植物,了解不同的生物在形态和结构上既有相似之处又有差别,理解地球上生物的多样性。

(2)教师带领学生参观种质资源库与田间保存圃。

3. 活动评价

活动评价表

评价要点	分值	自评	组评	师评	得分
观察细致,能够发现不同甘薯之间的差异	25				
能够总结不同甘薯之间的共同点	25				
劳动积极,动作标准	25				
团结协作,关心同学,敢于担当	25				
合计	100				

个人收获:

备注:得分=自评×0.3+组评×0.3+师评×0.4。

(三)活动任务三:"薯"你最会变

1. 活动目标

(1) 培养在生活中发现问题、探究问题的能力。

(2) 理解父母每天家务劳动的辛苦,树立劳动最光荣、劳动最伟大的观念。

(3) 养成认真负责、吃苦耐劳、小组合作团结的习惯。

(4) 通过给父亲做一碗粥,体会劳动带来的幸福生活。

2. 活动重点

(1) 紫薯变色实验。

(2) 熬制一碗好吃又好看的紫薯粥。

3. 活动准备

(1) 教师准备。

① 带领学生探究甘薯相关知识。

② 联系基地,准备实验器材。

③ 设计好活动,准备各种表格。

④ 准备一锅蓝色的紫薯粥。

(2) 学生准备。

① 试着煮一碗紫薯粥。

② 提前了解甘薯和紫薯的相关知识。

③ 猜测紫薯粥变色的原因。

④ 了解实验步骤。

4. 活动过程

(1) 导入。

师：亲爱的同学们大家下午好，父亲节快到了，我们班级决定为自己的爸爸做一份爱心早餐。很多同学选择煮粥，把这份暖暖的爱送给爸爸。同学们煮了各种各样的粥，有几位同学煮的红薯粥是白色的，有几位同学煮的紫薯粥是绿色的。

大家对这发绿变色的紫薯粥产生了浓厚的兴趣，于是我们就研究如何煮一碗好看又好喝的紫薯粥开始了实践之旅，设计了一套项目课程。为此，我们一起走进徐州市农科院国家级甘薯实验基地，原来甘薯多达1 800多个品种呢。

今天我们来到了商聚路小学，请大家一起回顾前期的课程吧！

师：同学们，昨天崔老师和大家一起探究了甘薯的相关知识，特别是紫薯，你也提出了很多问题，今天崔老师为大家带来了4位小老师，我们按照自己的分组，跟着农科院的蒋老师还有你们组内的小老师，一起开启今天的"薯"我最会变实践之旅吧！

(2) 动手实验流程。

① 引入问题，动手实验。

关于紫薯，你有什么问题？（学生解答，教师解答）

遇到问题你们都有什么解决办法？

关于实验你们有什么经验吗？以前做过吗？怎么做的？

教师播放实验视频,总结实验步骤。

学生动手实验,教师巡视。出现问题及时提出并解决,最好是学生之间帮助解决,不同小组可以互相帮忙。

实验结束,填写并汇报记录单。

② 红领巾小记者采访收获。

采访主要问题如下:

你好同学,你在实验过程中顺利吗?是一次就成功了吗?

你有没有遇到什么困难?

你是怎么解决这些困难的?

你是小组长吗?你觉得当小组长和组员有什么不一样吗?

我看到你去帮助其他组了,为什么啊?

对于实验结论,和你在网上查阅的资料或者你之前的猜测一致吗?

你觉得你们组的小老师发挥了什么作用?请评价一下。

你(小老师)对你今天带的这四个徒弟感觉怎么样?他们学得快不快?

你今天最大的收获是什么?

(3) 总结评价。

师:同学们,感谢徐州市农科院科技兴农劳育实践基地蒋老师的帮助。今天我们收获了很多,希望你们能切身体会到,我们生活中处处是学问。只要你有一双善于发现的眼睛和一个爱思考的小脑袋,就能找到解决问题的途径。同时,我们要有乐于实践的习惯,亲自动手去做、自己亲眼看到的才是最真实的。

课程6 水上安家"绿精灵"
——水培蔬菜种植

一、活动背景

娇山湖小学是一所处于城乡结合处的小学,农村儿童占比82.65%,大部分学生的家庭以现代农业生产为主,其中91.5%的家庭种植温室大棚蔬果,但是学生对于现代农业生产、家乡农业文化的了解却十分匮乏。为改变这种状况,借助铜山现代农业科技园基地开展了此次水培蔬菜种植的项目活动,希望通过项目活动学习,调动学生学习热情,改变原有的劳动认知,增加对家乡文化的认同,了解家乡农业的发展,发现劳动的快乐。

此次项目活动在四、五年级同时进行。四、五年级学生已经具有了初步的植物种植、养护的经验,此次项目以"水培蔬菜种植"为导向,为学生提供铜山现代农业科技园基地平台,使学生在方案制定、基础知识了解、种植设备探究、种植操作、宣传推荐等过程中,积累更多的直接经验,提升劳动技能的同时形成艰苦奋斗、精益求精、追求卓越的工匠精神。

二、活动目标

(1)学生通过水培蔬菜种植劳动实践了解现代农业生产现状,激发对现代农业劳动的兴趣和关注,感受家乡科技农业发展的卓越成绩,体会劳动者爱岗敬业的精神。

(2)学生通过劳动实践操作能够掌握水培蔬菜幼苗移植、养护等方法,了解水培种植设备的结构与工作原理,并进行创新改造,培养创新思维,提高劳动能力,体会精益求精、追求卓越的工匠精神。

（3）学生在活动中主动承担相应的任务和分工，能够认真准备，充分利用资源，积极参与交流展示，培养团队意识和合作精神，能认识到自己在活动中发挥的重要作用。

（4）学生能积极运用知识分析和解决活动中遇到的各种问题，认识到水培蔬菜种植的科学价值。

三、活动准备

（一）教师准备

（1）向学校详细汇报课程方案，筛选、汇总校内外可利用资源。

（2）收集资料，联系农业基地技术人员了解水培蔬菜种植的相关知识。

（3）制作预学单，准备各类物料、劳动工具及安全预案，督促学生做好自主学习探究。

（二）学生准备

（1）收集资料，了解水培蔬菜种植相关知识及家乡农业种植的现状。

（2）完成预学单，做好分组及任务分工。

（3）通过调查问卷等方式，了解校内同学对水培蔬菜了解的具体情况。

四、总体课程安排

课程总计 22 课时。第一阶段，项目准备，6 课时；第二阶段，项目实践，5 课时；第三阶段，项目成果及评价，11 课时。

五、活动过程

（一）第一阶段：项目准备

1. 活动一：确定任务，科学分工

（1）驱动性问题交流讨论。

主持人：同学们，春季研学时我们参观了水培蔬菜种植示范区，咱们班很多同学家都有蔬菜大棚，我在想我家的草莓大棚能不能也用水培的方式呢？

（学生讨论交流自己在活动中思考的问题）

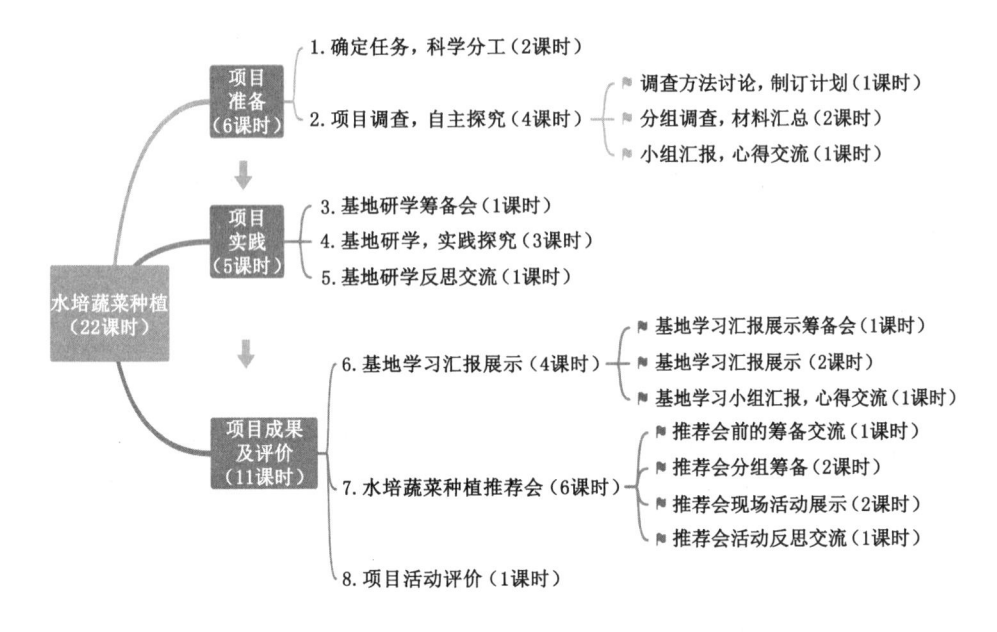

课程安排

- 水培蔬菜种植（22课时）
  - 项目准备（6课时）
    1. 确定任务，科学分工（2课时）
    2. 项目调查，自主探究（4课时）
       - 调查方法讨论，制订计划（1课时）
       - 分组调查，材料汇总（2课时）
       - 小组汇报，心得交流（1课时）
  - 项目实践（5课时）
    3. 基地研学筹备会（1课时）
    4. 基地研学，实践探究（3课时）
    5. 基地研学反思交流（1课时）
  - 项目成果及评价（11课时）
    6. 基地学习汇报展示（4课时）
       - 基地学习汇报展示筹备会（1课时）
       - 基地学习汇报展示（2课时）
       - 基地学习小组汇报，心得交流（1课时）
    7. 水培蔬菜种植推荐会（6课时）
       - 推荐会前的筹备交流（1课时）
       - 推荐会分组筹备（2课时）
       - 推荐会现场活动展示（2课时）
       - 推荐会活动反思交流（1课时）
    8. 项目活动评价（1课时）

确定项目活动内容：水培蔬菜种植。

（2）自行分组，明确分工。

① 学生根据自己的兴趣及特长选择相应的小组。

② 推选小组长，并签订项目团队约定。

③ 确定本组活动任务。

活动分组情况统计

组别	活动主题	小组成员	组长
第一组	水培蔬菜种植的原理		
第二组	水培蔬菜种植的价值		
第三组	水培蔬菜的种植与养护		
第四组	水培蔬菜的烹饪与营养		

项目团队约定

项目名称	
项目成员	
我们的约定	1. 我们都承诺:要满怀敬意倾听他人的观点
	2. 我们都承诺:尽己所能完成好任务
	3. 我们都承诺:要按时完成任务
	4. 我们都承诺:如果需要,我们将会求助于他人
	5. 我们都承诺:享受每一个活动和过程
小组成员签名	

(3) 制订小组活动计划。

根据本组活动任务内容及小组成员岗位分工,对活动内容制订计划,小组讨论,班级汇报交流,经过修改后确定最终方案。

2. 活动二:项目调查,自主探究

(1) 调查方法讨论,制订计划。

为了更好地开展活动,在活动前要对我校三至五年级学生对水培蔬菜种植相关知识、家乡农业种植现状等问题进行调查,可以用哪些具体的调查方法呢?

组织讨论交流会,小组内部先进行讨论形成共识,再进行小组间分享、补充,形成最终方案。可以请教劳动或科学老师、上网收集资料、班级抽样问卷调查、线上问卷星问卷调查、咨询农技专家等。

(2) 分组调查,材料汇总。

① 小组长协调组织本组提前设计调查问卷、联系老师、筛选咨询问题等,做好各项调查活动。

② 在调查结束后进行材料和数据的汇总和分析,做好小组汇报的准备。

（3）小组汇报,心得交流。

各小组根据本组的调查结果对相关问题进行汇报,小组间进行问题质疑、互相补充,形成班级最终调查结论。

（二）第二阶段:项目实践

1. 活动一:基地研学筹备会

为了更好地了解水培蔬菜种植的秘密,我们决定去铜山现代农业基地现场学习。出发前进行了热烈的讨论,对需要做的准备进行交流,并在老师的帮助下进行分组,为基地学习做好充分准备。

（1）小组交流讨论,完成本组研学准备清单。

（2）班级汇报交流,小组间互相补充,形成班级最终方案,并分配具体小组负责落实。

活动前期准备汇总

准备内容	负责小组	组织者	完成时间
导学单设计	第一组		
胸牌、帽子、工具	第二组		
安全预案的制定、宣传	第三组		
学习评价表设计	第四组		

2. 活动二:基地研学,实践探究

怀着好奇又兴奋的心情,我们的基地探究小组开启了现代农业园的研学之行,园区丰富多样的水培蔬菜和先进的种植设备让同学们应接不暇。

(1) 园区水培蔬菜种植区参观。

在园区技术人员的带领下,同学们参观水培蔬菜种植区,对水培蔬菜的种类、种植设备、种植方法及养护等基本知识进行简单了解,寻找自己感兴趣的问题。

(2) 组织基地小课堂。

收集完相关知识和问题后,在老师的组织下大家对自己的发现进行交流,同时提出参观过程中的疑问,在同学、老师、农技专家的交流解答中梳理疑惑。带着问题的答案再一次进行观察、验证。

(3) 种植设备组装、使用。

在园区农技专家的指导下,各小组对水培蔬菜种植的设备进行清洗、组装、使用,了解种植设备的种类、工作原理、养护等知识,感受现代农业科技的发达以及劳动人民的智慧。

(4) 幼苗移栽。

在观看工作人员进行幼苗移栽示范后,在技术人员的指导下进行幼苗移栽,对移栽成果进行组内互评,并请专业技术人员评价。

3. 活动三:基地研学反思交流

针对研学任务单完成情况,组织基地研学反思交流活动,根据评价表进行自评、组评、师评,并说一说自己在基地研学实践的收获和感想。

(三) 第三阶段:项目成果及评价

1. 活动一:基地学习汇报展示

在基地研学的过程中,同学们对水培蔬菜种植的流程和技能有了初步了解,其中水培设施对于后续的蔬菜种植及养护具有关键性影响。因此,为了深入了解水培种植设施的结构及工作原理,同学们进行学习任务分工,通过小组协作、资料查阅、请教专家等多种方式对立柱螺旋式水培设施进行研究,领略传统农业与先进科技碰撞的火花。

(1) 基地学习汇报展示筹备会。

① 为了更科学、明了地展示种植设备的探究成果,组织小组对本次汇报展示活动进行交流商讨。小组内依次汇报个人设计的活动方案,其他组员填写组内评议意见,组内提出质疑,汇报者进行解答、交流,形成本组方案。

② 各组代表介绍本组方案,其他组根据评议表评议,明确准备的环节、展示的形式等内容,班级达成共识,确定最佳活动设计方案。

学习汇报展示活动方案设计评价表

小组名称	环节清晰有序	有趣、有创意	活动细节安排得当	总得星数
第一组	☆☆☆☆☆	☆☆☆☆☆	☆☆☆☆☆	
第二组	☆☆☆☆☆	☆☆☆☆☆	☆☆☆☆☆	
第三组	☆☆☆☆☆	☆☆☆☆☆	☆☆☆☆☆	
第四组	☆☆☆☆☆	☆☆☆☆☆	☆☆☆☆☆	

（2）基地学习汇报展示。

各小组团队协作、出谋划策,通过手抄报、思维导图、手账、设备操作展示等方式做好各项准备。

（3）基地学习小组汇报,心得交流。

通过基地实践学习以及资料的查阅,学生对于水培蔬菜种植设施有了较为深入地了解,以立柱螺旋式水培设施为例,各小组进行实践活动汇报。

① 第四组:水箱设计与改造。

a. 水箱的功能性作用是什么？

b. 水箱可以设计成什么形状？尺寸多大？

c. 怎样能让设备更加稳固？

d. 水箱使用到的零部件有哪些？

e. 如何美化水箱外观？

② 第一组:种植盘的设计解析。

a. 种植盘的组成结构:旋转轴、盘体种植区。

b. 水循环的原理分析:进水口、出水口等。

注意:第二层的进水口和第一层的回水口重叠;说明连接凹槽的设计意图。

③ 第三组:组装、调节种植盘。

a. 将种植盘和分割立柱有序组装。

b. 调节种植盘方向,旋转合适的角度使水顺利循环起来。

c. 水泵的安装和规范使用注意事项。

d. 分割立柱的作用说明。

④ 第二组:营养液的使用与维护。

a. 水培蔬菜营养液的配方介绍。

b. 如何解决营养液循环过程中出现的积垢?如何减少管道堵塞?

小组汇报完毕,班级互助学习。小组同学对其他组问题进行质疑,被提问组进行答疑,基地专家点评,并完成评价表。

探究学习评价表

评价要点	学生自评	组内互评	教师评价	评价等级
准备充分,汇报完整				
认真倾听,主动参与				评价标准:
了解水培设备相关的知识				☆,还需努力;
掌握水培设备的使用和操作方法				☆☆,良好;
能够对种植设备进行创新改造,树立发展科技农业的意识				☆☆☆,优秀
能够对新兴农业产生兴趣,有正确的劳动观				
合计	总得星数( )		评价等级( )	

我的收获:

2. 活动二:水培蔬菜种植推荐会

同学们决定开展一次"欢乐'菜'购"水培蔬菜种植推荐会,借助蔬果售卖的形式让更多同学深入了解水培蔬菜种植的相关知识。

(1)推荐会前的筹备交流。

在老师的组织下,同学们对推荐会进行交流讨论,明确活动的不同环节,并制定活动方案。

(2)推荐会分组筹备。

① 各组根据活动方案,提前准备活动物料(展板、PPT、画架、种植设备、

幼苗、蔬果、宣传海报等)。

② 讲解员撰写现场讲解稿,并进行练习。

③ 根据时间、流程提前完成活动场地的布置。

(3) 推荐会现场活动展示。

① 展板宣讲。

利用思维导图、手抄报、手账等对水培蔬菜种植的相关知识进行展示,讲解员对重点内容进行现场讲解。

② 趣味问答。

活动现场进行蔬果售卖,可通过回答问题等方式赢取蔬果奖励。

③ 现场展示。

在现场对水培蔬菜种植的设备及种植、养护的方法进行讲解、操作示范,并邀请现场的同学进行现场操作,体会劳动的乐趣,感受现代农业的高科技。

（4）推荐会活动反思交流。

针对本次活动开展过程中遇到的问题，进行反思交流，对优点进行分享，对不足之处提出建议，进一步完善活动方案，为下一次活动做好充分准备。

3. 活动三：项目活动评价

本次水培蔬菜种植项目活动告一段落，为了更好地了解自己在活动中的成长和变化，完成项目活动评价表，并交流、分享自己的收获和感悟。

活动评价表

评价要点	学生自评 ☆☆☆☆☆	组员互评 ☆☆☆☆☆	教师评价 ☆☆☆☆☆	评价等级说明
能够认真准备，充分利用资源，积极参与交流				优秀：总得星数为60颗及以上；
了解水培蔬菜的基本知识				
掌握水培蔬菜种植的方法				良好：总得星数为35～59颗；
能够使用和操作水培蔬菜种植设备，并进行创意改造				合格：总得星数为30～34颗；
有团队协作精神，能够了解各自分工并相互交流收集的信息内容，认识到自己发挥的作用				不合格：总得星数为34颗以下
对新兴农业产生兴趣				
合计		总得星数：（ ）	评价等级：（ ）	

我的收获：

（1）个人反思。

在经历了水培蔬菜种植项目活动后，你有哪些收获呢？

问题1:你学到了什么？你可以将自己获得的劳动能力讲给大家听或现场展示给大家看。

问题2:你是怎么学到的？请列举出你完成水培蔬菜种植学习的方法和途径。

问题3:在活动中你是否有遗憾？

问题4:学校将组织温室土栽活动,你能给出活动建议或制定活动方案吗？

(2)小组交流。

① 组内交流各自的学后反思。

② 小组代表汇总,准备班级发言。

③ 班级交流。

④ 各组代表谈收获。

⑤ 农技专家点评。

⑥ 教师进行活动点评。

(3)教师教后反思。

学生通过本次项目活动课程,在现代农业园基地的真实情境中,利用自主探究、劳动实践、小组合作等方式解决了水培蔬菜种植的相关问题。基于学生生活实际情况,让学生在动手实践过程中切实提升劳动技能,深入了解现代农业的发展以及家乡农业生产的卓业成绩。在活动中,充分激发学生的主动性与创造性,使学生在团队协作中体会到合作探究的快乐。学生不仅掌握了水培蔬菜种植的基本知识和技能,还树立了艰苦奋斗、精益求精、追求卓越的观念。

课程7 心手"香"伴
——致敬最可爱的人

一、活动背景

八一建军节快到了,我们学校是有着百年历史的少年军校,拥军之情深深扎根于学校。班委会倡议:为解放军叔叔送去亲手制作的手工作品。送什么呢?经过班级大讨论,同学们认为自己在四年级的时候学会了一些基本针法,能缝扣子、沙包、鞋套等,在此基础上,大家一致认为送香包最合适。

长期以来,香包作为徐州非物质文化遗产的代表,富有浓郁的地域特色,而且有很多美好的寓意。你愿意化身一名手工小达人,前往马庄香包文化大院,跟随非物质文化遗产传承人学习如何制作香包,为我们最可爱的解放军叔叔送上节日祝福吗?

二、活动准备

要想成为一名优秀的手工小达人,你需要收集、分析香包相关的信息资料,分工合作成立资料收集、整理小组,掌握不同的缝制香包的专业针法,了解缝制香包的技术类知识,设计并创作属于自己的独特香包。

三、活动目标

(1) 树立正确的价值观、文化观、爱国主义观。

(2) 通过主题班会,知道八一建军的由来和历史渊源,知道山河无恙只因有英雄们的铁肩担当。

(3) 经历调查收集资料、制作和赠送香包作品的完整过程后,初步了解

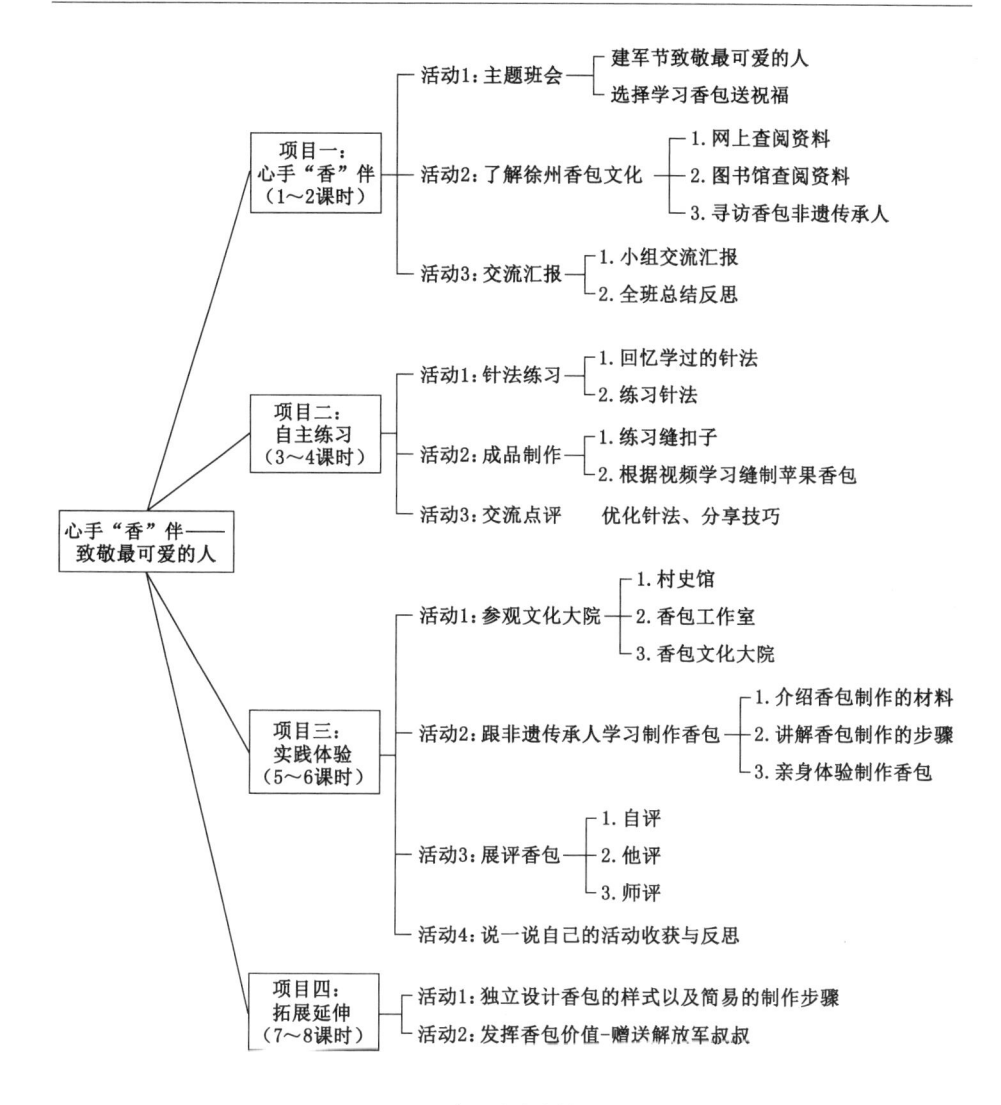

项目活动安排

心手"香"伴——致敬最可爱的人

- **项目一：心手"香"伴（1~2课时）**
  - 活动1：主题班会
    - 建军节致敬最可爱的人
    - 选择学习香包送祝福
  - 活动2：了解徐州香包文化
    - 1. 网上查阅资料
    - 2. 图书馆查阅资料
    - 3. 寻访香包非遗传承人
  - 活动3：交流汇报
    - 1. 小组交流汇报
    - 2. 全班总结反思

- **项目二：自主练习（3~4课时）**
  - 活动1：针法练习
    - 1. 回忆学过的针法
    - 2. 练习针法
  - 活动2：成品制作
    - 1. 练习缝扣子
    - 2. 根据视频学习缝制苹果香包
  - 活动3：交流点评　优化针法、分享技巧

- **项目三：实践体验（5~6课时）**
  - 活动1：参观文化大院
    - 1. 村史馆
    - 2. 香包工作室
    - 3. 香包文化大院
  - 活动2：跟非遗传承人学习制作香包
    - 1. 介绍香包制作的材料
    - 2. 讲解香包制作的步骤
    - 3. 亲身体验制作香包
  - 活动3：展评香包
    - 1. 自评
    - 2. 他评
    - 3. 师评
  - 活动4：说一说自己的活动收获与反思

- **项目四：拓展延伸（7~8课时）**
  - 活动1：独立设计香包的样式以及简易的制作步骤
  - 活动2：发挥香包价值-赠送解放军叔叔

非物质文化遗产的背景意义和香包的制作与功效等，树立热爱祖国、热爱中国传统文化、热爱劳动、尊重劳动的观念。

（4）通过学习香包制作步骤、动手制作具有创意的香包作品的过程，发现问题并解决问题，提高创意物化的能力和劳动知识技能。

（5）通过小组合作、分工完成香包缝制，勇于承担自己的任务，提高责任

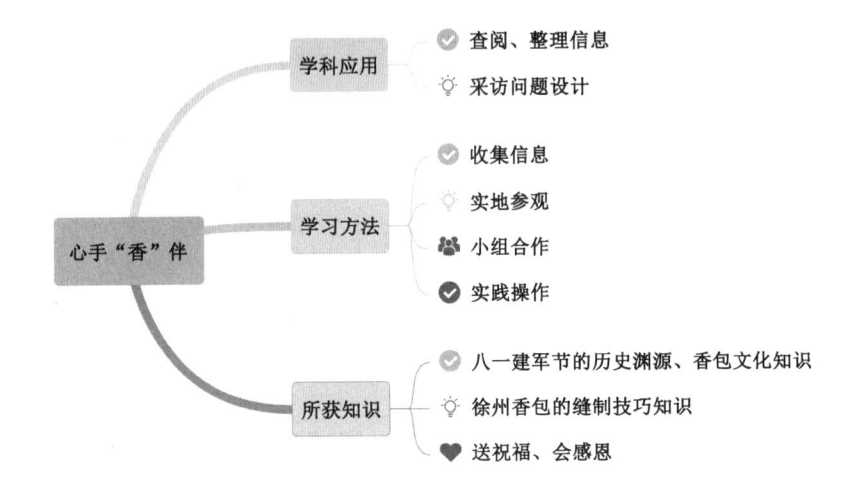

```
心手"香"伴 ──┬── 学科应用 ──┬─ ✓ 查阅、整理信息
            │              └─ 💡 采访问题设计
            │
            ├── 学习方法 ──┬─ ✓ 收集信息
            │              ├─ 💡 实地参观
            │              ├─ 👥 小组合作
            │              └─ ✓ 实践操作
            │
            └── 所获知识 ──┬─ ✓ 八一建军节的历史渊源、香包文化知识
                           ├─ 💡 徐州香包的缝制技巧知识
                           └─ ♥ 送祝福、会感恩
```

项目活动目标

意识,懂得遵规守约,初步学会与他人合作,养成有始有终、专心致志的劳动习惯和品质,具有团队精神。

(6)能在参观部队、给解放军叔叔送香包的过程中,知道前辈们无怨无悔的付出才有了今天的幸福生活,懂得珍惜当下的幸福生活,立志努力学习成为国家的栋梁之才、成为常怀感恩的爱国少年。

四、课前任务

(1)查阅资料时可以利用多种途径,同时对获得的资料进行分类整理。

(2)在实践操作之前,练熟针法。

(3)遇到自己解决不了的问题时,要学会向老师、同学、手艺师傅请教。

五、活动过程

(一)项目一:心手"香"伴

1. 活动目标

(1)通过课件、示意图、实践操作等回顾复习,掌握明攻针、暗攻针、回针、锁边缝、包边缝等几种针法以及缝扣子的小窍门。

(2) 通过回忆已学的缝针手法,自主观看视频、动手操作,掌握缝苹果香包的基本方法并能熟练应用。

(3) 通过小组及班级作品展评,及时改进,评选最佳针法、最佳手工作品,分享缝制经验,形成以学促学的班级风气。

2. 活动过程

(1) 活动一:针法练习。

① 小组交流汇报:先尝试回忆所学的针法,再在小组内互相交流。

② 动手操作:根据示意图,动手练习常用的5种针法,并能熟练应用。

(2) 活动二:成品制作。

练习针法,掌握缝扣子的小窍门;通过观看视频,能说出制作步骤,并且制作出苹果香包。

(3) 活动三:作品评比,榜样示范。

① 填写评价表。

苹果香包作品评价表

评价标准	自评	组评	师评
针法正确			
装料合适			
外形美观			
评价说明:☆☆☆表示优秀,☆☆表示良好,☆表示需要加油			

明攻针	
暗攻针	
回针	
锁边缝	
包边缝	

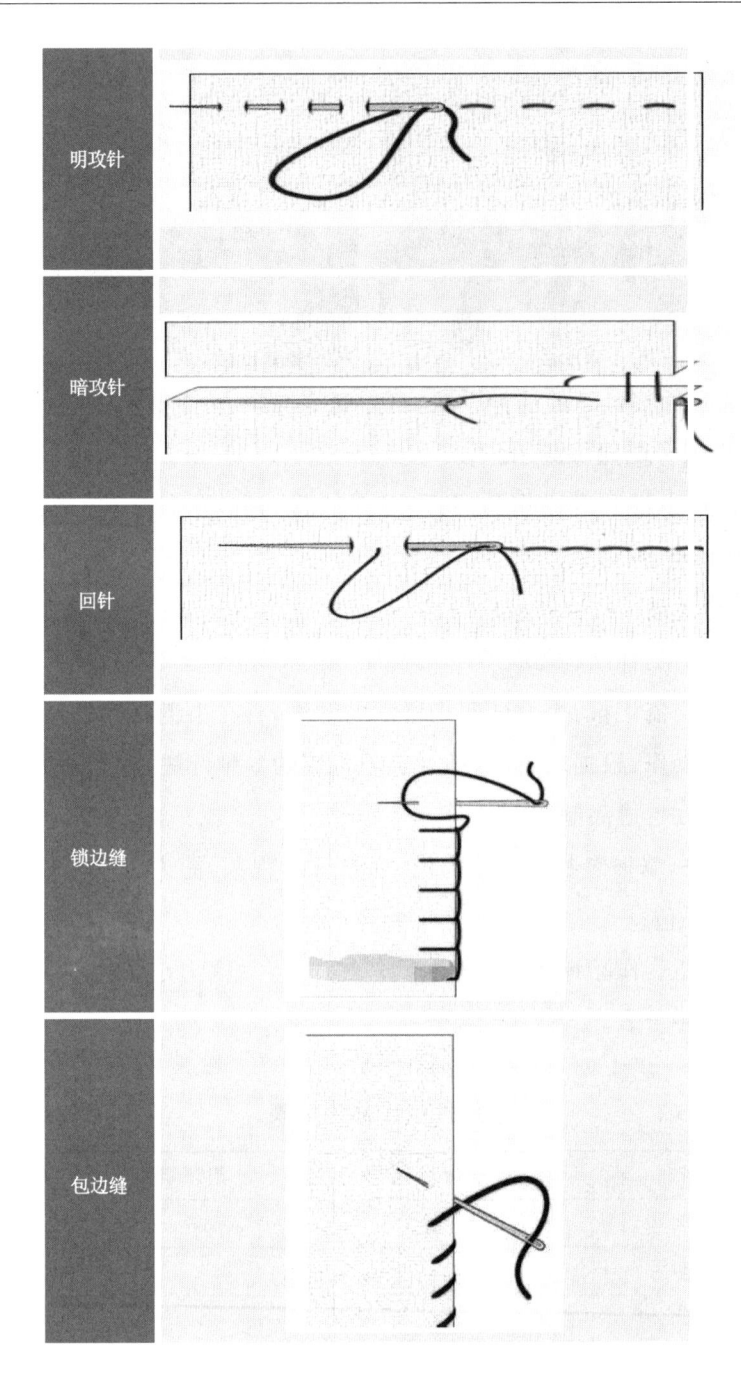

5 种针法

② 选出最佳针法、最佳手工作品,与大家分享经验。

(4) 活动四:回顾反思。

① 本次活动中我遇到了(　　　　　)问题,用(　　　　　　)方法解决了问题。

② 这些方法我以前在(　　　　　　)地方用到过。

③ 我还可以用这样的方法解决(　　　　　　)问题。

(二) 项目二:实践体验

1. 活动目标

(1) 通过实地感受香包文化,了解马庄香包文化基地的历史特点,激发制作香包的兴趣。

(2) 通过手艺人的讲解,小组分工合作,缝制香包作品,学会与他人合作,养成有始有终、专心致志的劳动习惯和品质。

(3) 在缝制香包的实践过程中,逐步养成不怕困难、开拓创新、精益求精的劳动精神。

(4) 通过自评、组评、师评三个环节,参照回顾反思清单,明确自身在此次实践活动中的进步与不足之处。

2. 活动过程

(1) 活动一:参观马庄村历史文化馆。

参观范围包括村大院、村史馆、党员活动室、香包工作室、香包文化大院。

① 跟随讲解员的步伐参观马庄村,了解香包的发展历程,感受浓郁的香包文化氛围。

② 现场说一说参观后的感受。

(2) 活动二:巧手缝制香包。

① 传承人详细介绍制作香包的过程以及注意事项。

② 小组合作,动手实践,学习如何制作香包。

注意:认真倾听讲解过程,记录制作步骤;学会小组合作,掌握缝制心形香包的步骤;遇到困难,要学会寻求同学、老师或手艺人的帮助。

(3) 活动三:现场展评。

(4) 活动四:回顾反思。

① 我在学习(　　　　)的过程中,使用了(　　　　　)的学习方式。

② 我边(　　　)边(　　　　),经过不断的(　　　　　),我完成了(　　　　)。

③ 我在此过程中最开心的是(　　　　　　),需要改进的是(　　　);我觉得要做成一件事,最重要的是(　　　　　)。

心形香包作品评价表

	评价要点	自评	组评	师评
劳动态度	1. 认真参与			
	2. 积极主动			
	3. 态度认真			
劳动技能	1. 针法细密			
	2. 装料适量			
	3. 缝合紧密			
	4. 外形美观			
劳动创新	1. 具有探索精神			
	2. 懂得尝试新方法			
	3. 善于思考和实践			
劳动实践	1. 懂得交流合作			
	2. 动手能力强			
	3. 表达能力强			

评价说明:

☆☆☆表示优秀,☆☆表示良好,☆表示需要加油

(三) 项目三:拓展延伸

1. 设计香包

以小组为单位,设计出你认为心中最美的香包,送给最可爱的人。

香包制作设计单

小组名：

形状：_____ 尺寸：_____ 材料：_____

准备工作：_____

制作顺序：_____

注意点：_____

剪裁图：

2. 制作香包

(1) 小组汇报交流，说一说设计的初衷。

(2) 小组合作，根据设计制作香包。

3. 作品升华

香包虽小，情怀事大！前往部队送香包，祝福给最可爱的人。

4. 回顾反思

在经历了心手"香"伴——致敬最可爱的人活动后，你有哪些收获呢？

问题1:你学到了什么?你印象最深的是哪件事?

问题2:你是怎么学到的?请列举出你在活动中使用的方法。

问题3:你还有哪些困惑?

课程 8　塘果工坊
——飞天月饼

一、课程背景

苏塘中学是一所农村中学,留守儿童占比 62.03%。大部分学生学习上自觉性差、纪律性不强,没有良好的学习习惯,学习被动,学习成绩不理想。为改变这种状况,善于制作点心的老师计划做一个"塘果工坊"美食项目,旨在使学生在制作美食的过程中发现生活的美好、劳动的快乐,找到自信、肯定自己,从而转变对学习的态度、多一些人生的感悟。"塘果"与"糖果"谐音,取苏塘中学的"塘",希望塘果工坊能够成为每一位同学与老师心目中的糖果,多彩又甜蜜。塘果工坊课程计划对一系列美食点心进行探索,元宵、青团、粽子、月饼、面包……只要是我们能想到的并且在现有能力下可以做到的,都会去尝试。

中秋节是我们国家重要的传统节日。从古至今,人们用月亮寄托美好和相思的同时,对于月球和太空的探索始终没有停下脚步。2022 年 4 月 16 日,神舟十三号载人飞船平安返航。在为这一历史事件高兴和骄傲的同时,学生们计划用手中的食材,进行一次特殊的"探月"。塘果工坊第一个主打产品——飞天月饼的创意就产生了,这是一个艰辛、困难重重而又充满甜蜜、温暖和创意的项目。

二、课程目标

(一)价值体认

通过积极参加飞天月饼制作的一系列活动,亲历设计、制作、销售等过程,体验和培养自力更生、艰苦奋斗、大力协同、无私奉献、严谨务实、勇于攀登的航天精神。

（二）责任担当

通过对人类飞天梦想探索过程的学习,增强做有理想、有本领、有担当的一代新人的责任意识。

（三）问题解决

通过问卷调查、活动策划、设计工坊 logo、设计飞天月饼模具等活动,发现和解决月饼制作中遇到的各种问题,丰富研究经验,掌握科学的研究方法。

（四）创意物化

通过对一系列活动,完成塘果工坊首发产品——飞天月饼,培养创新思维,提高审美素养。

三、课程准备

（一）教师准备

（1）收集供学生参考的学习资料:月饼制作、logo 设计、包装设计及产品宣传等资料。

（2）准备制作月饼的原材料、烘焙工具。

（3）自己设计月饼模具,以作示范学习。

（4）征得学校支持,获批开办塘果工坊的场地、启动资金等必要的物资、设备等。

（5）收集我国航天事业发展的相关资料,学习和领会航天精神的内涵。

（二）学生准备

通过去图书馆、请教老师、上网等途径收集、学习下列知识。

（1）我国当前航天事业取得的成就。

（2）我国传统节日中秋节的相关知识。

（3）关于 logo 设计、包装设计、产品宣传策略等知识。

（4）关于月饼的种类、制作材料及制作方法等知识。

四、总体课程安排

课程共设计 34 课时,其中第一阶段"心中有梦:飞天上线"3 课时;第二阶段"集思广益:一个好汉三个帮"10 课时;第三阶段"牛刀大试:八仙过海各显神通"10 课时;第四阶段"眼里有光:明月千里寄相思"3 课时;第五阶段"甜蜜汇报:中秋撞上教师节"8 课时。

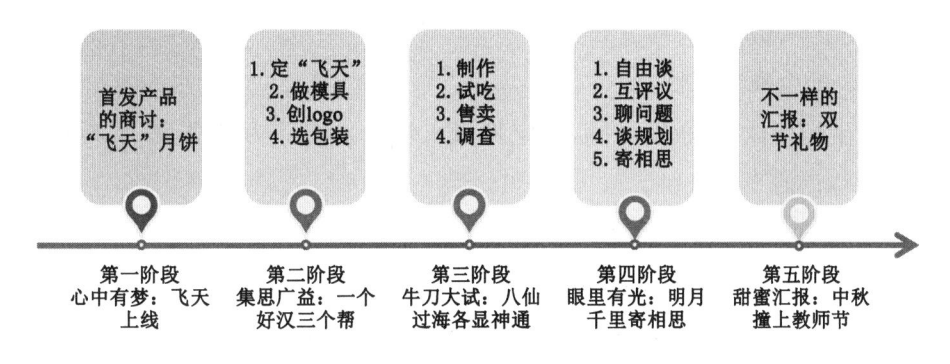

第一阶段	第二阶段	第三阶段	第四阶段	第五阶段
首发产品的商讨:"飞天"月饼	1.定"飞天" 2.做模具 3.创logo 4.选包装	1.制作 2.试吃 3.售卖 4.调查	1.自由谈 2.互评议 3.聊问题 4.谈规划 5.寄相思	不一样的汇报:双节礼物
心中有梦:飞天上线	集思广益:一个好汉三个帮	牛刀大试:八仙过海各显神通	眼里有光:明月千里寄相思	甜蜜汇报:中秋撞上教师节

总体课程安排

五、活动过程

(一)第一阶段,心中有梦:飞天 上线

1. 活动一:青团下线

(1)学生通过腾讯会议讨论项目主题。

2022 年 3 月,由于新冠疫情,暂停线下教学,复学时间不定,校园里的艾草逐渐变老,学生原计划做青团的项目只能搁浅。

塘果工坊要不要"开工",项目要不要做?

(2)学生讨论结果:继续"开工"。

2. 活动二:确定项目主题

(1)教师根据时事背景提出建议。

"但愿人长久,千里共婵娟。"从古至今,人们用月亮寄托美好和相思,今天,中华民族必将实现嫦娥奔月的千年梦想。同学们,对于月球和太空的探索我们始终没有停下脚步,航天员在太空遨游半年,成功返航,为了表达我们的敬意,今天我们就用手中的食材进行一次特殊的"探月"。我们究竟做什么好呢?

(2) 学生讨论。

"老师,我们这次做月饼吧?"

"咱们做一个塘果工坊特有的月饼!"

"一个和飞天有关的月饼。"

(3) 师生确定项目。

学生畅所欲言,激发灵感,确定塘果工坊首发产品为月饼,一款具有塘果工坊特色的飞天月饼。

3. 活动三:收集与分享

(1) 学生收集关于航天发展的历程、宇航员的故事、嫦娥飞天的神话故事,以及描写月亮的诗词歌赋等,感受我国从古代到现代关于太空的探索历程。

(2) 分享收集的知识及人物事迹。

(3) 谈一谈感悟。

设计意图:通过上网收集、整理及分享中国从古到今有关飞天的故事、事件等,增强对优秀传统文化的热爱和民族自豪感。

(二) 第二阶段,集思广益:一个好汉三个帮

1. 定飞天

(1) 活动一:选款式。

月饼款式众多,按产地分有苏式、京式、广式、港式等,究竟做哪种款式的月饼呢?

学生了解了各种款式月饼的制作方式后认为,广式月饼制作相对容易且大众喜爱度高,倾向于做广式月饼。

只做一种月饼会不会比较单调?广式月饼属于传统月饼样式,在制作方式上能否创新?

经过讨论,大家认为可以加入冰皮月饼来丰富产品种类。

（2）活动二：定馅料。

月饼就口味而言，有甜味、咸味、麻辣味等；从馅料来讲，有五仁、豆沙、黑芝麻、火腿等。选哪种口味的馅料？

学生讨论后，暂定豆沙、蛋黄莲蓉、肉松、五仁、奶黄这几种馅料。

（3）活动三：整体构思。

围绕中心主题、考虑各种可行性分析后，最终决定分成两个制作小组：广式制作小组和冰皮制作小组。

月饼馅料定为：豆沙、莲蓉蛋黄、五仁、水果四种。四种馅料搭配四个图案，每种馅料对应一个图案。

饼皮色彩搭配：制作两种不同颜色的饼皮：绿色，加抹茶粉调配；红色，加红曲粉调配。

2. 做模具

（1）活动一：了解模具的制作过程。

① 学生通过上网搜索的方式了解月饼模具大致的制作流程后，分享模具制作过程。

② 结合老师设计的专属模具的制作流程和方法，总结出模具制作步骤：设计纹样、字体→选择模具厂商→与厂商沟通敲定最终设计方案→等待模具成型。

（2）活动二：设计月饼模具纹样。

① 围绕如何用纹样体现古代人和现代人对于太空的探索，以及如何融入"月"和"航天"元素展开讨论，在讨论中激发灵感。

初步设计两组纹样：一组代表古代神话故事，一组代表我国现代航天事业。模具设计符合大众审美的同时又体现青少年的朝气与个性。

② 学生交流展示设计的纹样，分享设计理念。

③ 从设计样稿中筛选出最终纹样：嫦娥和玉兔为一组，代表古代神话故事；航天员和星球为一组，代表我国现代航天事业。

（3）活动三：联系模具厂商生产制作模具。

① 首席设计师周音同学通过线上购物平台挑选模具生产商。

挑选时考虑的因素：制作模具周期、价格、样式、客户对店铺的评价等。

② 与模具生产商沟通具体设计要求，敲定最终方案。

需考虑的问题：模具可以制作出月饼的克数有 50 克、75 克、100 克……选多大的模具合适呢？模具生产厂商能否将我们设计的纹样更好的呈现出来呢？

经过讨论分析后，我们选择适中的 75 克模具。

将最初选择价格偏低的平面效果的模具，改为价格稍高的立体效果的模具。

③ 模具生产商提供最终的设计小样。

传统的：嫦娥和玉兔　　　　　　现代的：星球和宇航员

④ 收到成品模具。

3. 设计 logo

(1) 活动一：了解 logo 的概念及设计的基本知识。

自主查阅资料了解 logo 的相关知识，选择一个自己喜欢的方案进行分析，了解其设计的理念、分析其设计步骤。

(2) 活动二：自主设计。

① 明确设计要求：体现校园文化和塘果工坊的理念，色彩和谐，具有独创性。

② 自主设计。

(3) 活动三：激发灵感。

① 大家从众多设计小样中选几个作为备选方案，但是都不太满意。此时，陈雅彤同学设计的 TG 组合激发了我们的灵感。TG 是塘果的首字母，也结合了糖果和其他甜品元素。

嫦娥5月30日版本

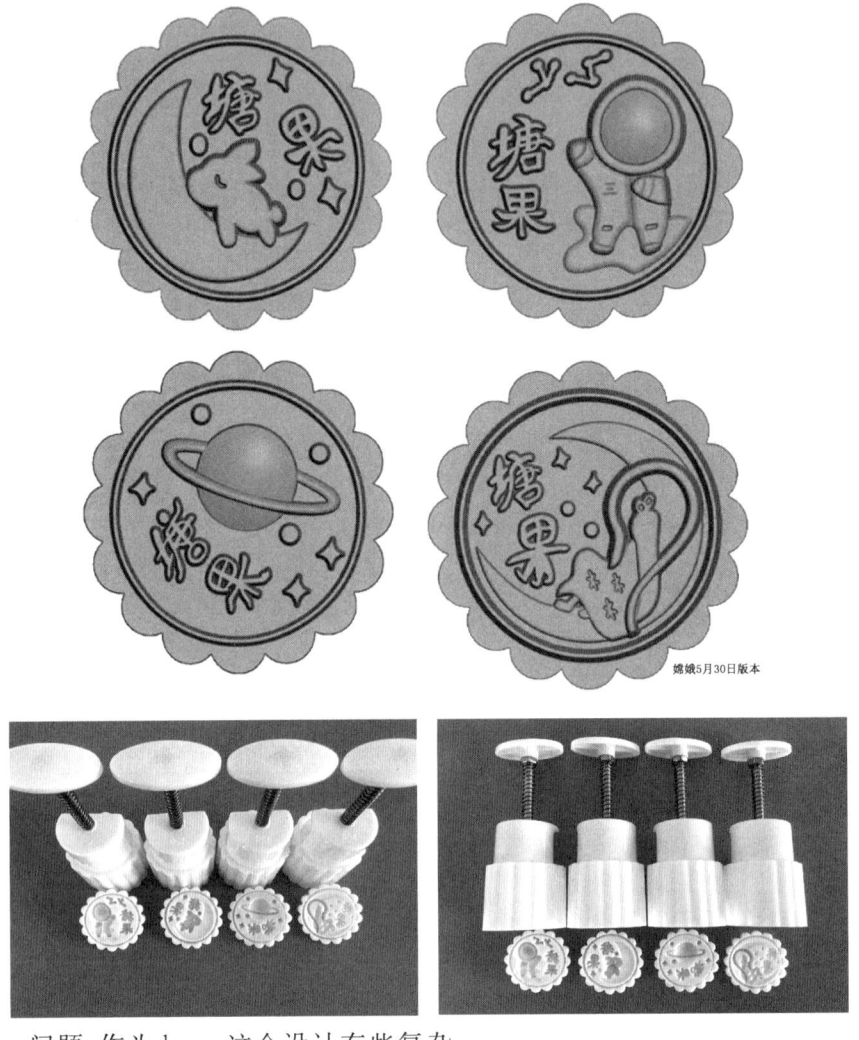

问题:作为 logo,这个设计有些复杂。

② 沿着 TG 思路讨论并精简设计。

③ 经过讨论,初步方案为做一个 TG 组成的"**棒棒糖**"logo。

发现问题:logo 要有意义,需要加入文化元素。

继续讨论,达成共识:融入苏塘中学校徽的图案和颜色,传承学校文化。

④ 修改完善,一个我们自己独创的 logo 横空出世!

(4) 活动四:联系 logo 印制。

① 通过线上购物平台挑选logo印制商。

挑选时考虑的因素：印制周期、价格、数量、客户对店铺满意度等。

② 与logo印制商沟通具体设计要求，并敲定方案。

成品：

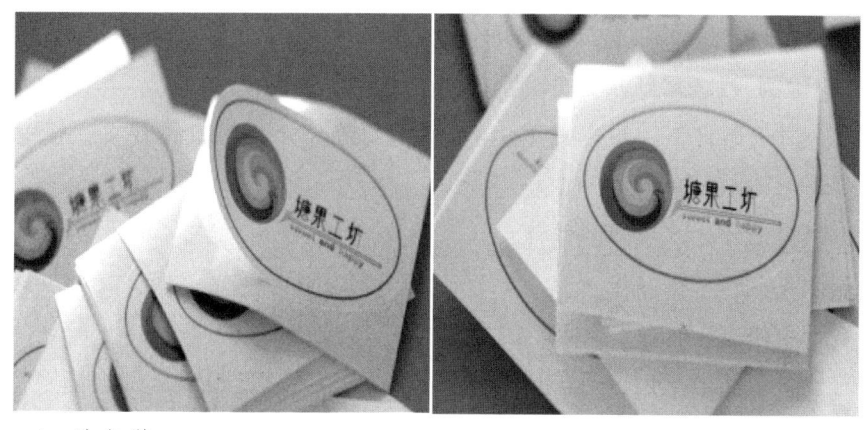

4. 选包装

（1）大家对月饼的包装进行讨论，包括底托、小包装袋及外包装。

（2）在网上购物平台收集相关信息，包括价格、设计、尺寸、质量等。在比较中发现月饼的包装可以定制，激发了大家的想法：做一个整套的包装设计，真正形成一个完整的产品。

（3）沿着这个思路了解、咨询、核算后发现，如果所有的包装进行整体设计和印制，成本会大大提高，直接造成月饼价格的提升，工坊目前处于起步阶段，资金有限，客源不定。考虑各种因素后，暂定直接网购成品包装，但将整体设计包装这个想法纳入工坊以后的研究内容。

（4）确定包装，联系购买。

(三)第三阶段,牛刀小试:八仙过海各显神通

1. 制作

(1)活动一:初尝试。

① 根据之前的分工,分成两个制作小组:广式制作小组和冰皮制作小组分别进行月饼制作。

② 品尝成品,从味觉、视觉等方面进行评价。

(2)活动二:中期总结。

针对初次制作过程中的问题进行集中讨论。

① 两组分别提出在制作过程中遇到的问题,主要有馅料外露、分工混乱等。

② 针对问题讨论解决办法。

馅料外露的原因:手法不熟练,由包的好的同学分享经验;调整饼皮和馅料的比例,改进后饼皮为30克、馅料为45克。

③ 讨论制订下一步正式制作的计划,明确每个人的具体任务。同学之间提醒制作中的细节。

④ 确定花片与馅料的对应。

(3)活动三:再制作。

① 制作冰皮月饼。

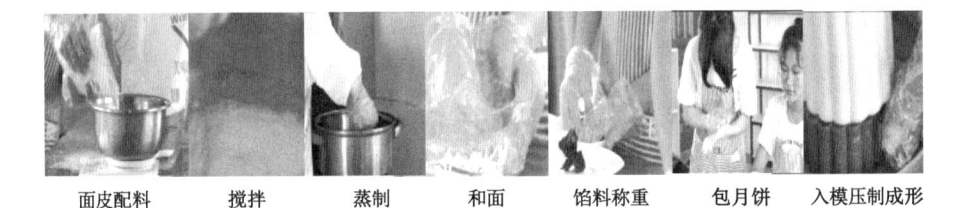

面皮配料　搅拌　蒸制　和面　馅料称重　包月饼　入模压制成形

② 制作广式月饼。

面皮配料　和面　馅料称重　包月饼　入模压制成形　入烤箱烘烤

2. 试吃

(1) 活动一:请老师试吃,宣传工坊月饼。

(2) 活动二:请同学试吃,宣传工坊月饼。

3. 售卖

(1) 活动一:核算成本,制定月饼售卖价格。

将所有制作材料费做个统计,核算每块月饼的成本价格,在此基础上适当提高作为最终的售卖价格。

(2) 活动二:人员分工。

① 了解售卖活动,明确工作任务。

② 选择工作岗位:收款码制作、推销、销售记录、维持现场秩序……

(3) 活动三:摆摊。

① 准备工具。

② 选择摊位位置。

③ 布置摊位。

(4) 活动四:现场售卖。

(5) 活动五:收益核算。

① 统计总收入。

② 计入塘果工坊账目。

4. 调查

(1) 活动一:用问卷星设计调查问卷。

① 学习了解调查问卷的形式、组成和设计方法。用问卷星向老师进行调查。

② 讨论、筛选需要调查的问题。

从包装、饼皮和馅料3个方面设计9个问题。

③ 制作调查问卷。

④ 向老师发放问卷星调查问卷,并进行数据统计。

(2) 活动二:现场访问学生。

① 学习现场采访技巧,了解注意事项。

第1题 包装

选项	小计	比例
不错	33	94.29%
还可以	1	2.86%
简陋	1	2.86%
本题有效填写人次	35	

第2题 logo设计

选项	小计	比例
有创意	34	97.14%
普通	1	2.86%
需要进一步完善	0	0%
本题有效填写人次	35	

第3题 您最希望包装上体现什么信息

选项	小计	比例
主要成分	33	94.29%
配置比	6	17.14%
生产日期	26	74.29%
保质期	26	74.29%
储存方式	8	22.86%
本题有效填写人次	35	

第4题 面皮

选项	小计	比例
面皮上色重	3	8.57%
面皮上色正好	32	91.43%
面皮上色不够	0	0%
本题有效填写人次	35	

第5题 面皮口感

选项	小计	比例
面皮太硬	0	0%
软糯	16	45.71%
正常	19	54.29%
本题有效填写人次	35	

第6题 馅料

选项	小计	比例
太甜	8	22.86%
甜	11	31.43%
正常	16	45.71%
本题有效填写人次	35	

第7题 四种馅料您最喜欢哪一种

选项	小计	比例
豆沙	10	28.57%
蛋黄莲蓉	22	62.86%
五仁	3	8.57%
凤梨	0	0%
本题有效填写人次	35	

第8题 您还希望有什么口味的馅料

选项	小计	比例
水果	20	57.14%
奶黄	13	37.14%
流心	10	28.57%
肉松	16	45.71%
鲜肉	0	0%
黑芝麻	22	62.86%
本题有效填写人次	35	

第9题 价格

选项	小计	比例
偏贵	1	2.86%
正常	15	42.86%
物美价廉	19	54.29%
本题有效填写人次	35	

第10题 对"飞天"月饼还有哪些意见？

不够实 大力推广 开发出月饼 出更多产品 品种再多些 味俱全

② 制定访问方案。

③ 做好采访准备。

④ 对访问结果进行统计分析。

（四）第四阶段，眼里有光：明月千里寄相思

1. 活动一：自由谈

参加活动的成员谈收获和感悟。

2. 活动二:互评议

大家对此次活动进行评价:自评、组评、师评。

3. 活动三:聊问题

(1) 学生谈谈发现的问题。

如:包装易开口、工具不齐全、馅料容易外露……

(2) 大家针对问题讨论解决办法。

如:logo贴纸胶性不强,准备换一家制作公司重新印制。

(3) 教师补充学生没发现的问题。

如:卫生问题、浪费问题、包装不规范、人员分工不明确、时间安排不合理等。

(4) 大家针对问题进行讨论,发表意见,谈一谈感想,总结经验。

4. 活动四:谈计划

大家对工坊的未来发展谈一谈打算。

(1) 丰富产品种类,可以根据节日制作不同的食物;丰富活动方向:馅料的研究,原材料的自加工等。

(2) 人员的进一步分工。

(3) 推广方式的拓展,比如借助朋友圈、短视频、直播带货等。

(4) 可行性分析,发现问题并讨论解决办法。

5. 活动五:寄相思

(1) 回顾飞天主题产品的由来。

(2) 观看神舟十四号飞天视频。

(3) 讨论如何向航天员表达祝福。

(4) 选择抖音关注中国航天网,拍视频传递祝福。

(5) 视频拍摄、剪辑、上传。

(五) 第五阶段,甜蜜汇报:中秋撞上教师节

1. 活动一:双节礼物

(1) 策划双节送飞天月饼活动。

(2) 制作、包装飞天月饼。

（3）节日前向学校老师送月饼、谢师恩。

2．活动二：汇报项目活动

（1）整理活动材料，撰写项目报告。

（2）学生分组汇报，进行活动总结。

（3）师生讨论，完成自评、组评、师评。

（4）总结展望。

六、课程评价

活动评价表

评价内容	自评 ☆☆☆☆	组评 ☆☆☆☆	师评 ☆☆☆☆	评价等级
践行航天精神，增强对优秀传统文化的热爱				优秀：总得星星数在95颗以上； 良好：总得星星数在80～95颗之间； 合格：总得星星数在70～80颗之间； 不合格：总得星星数在60颗以下
积极参与飞天月饼的活动策划，创新思维				
善于合作，积极沟通				
敢于提出问题，积极发表自己的见解				
能有效应对月饼制作过程的偶发事件				
以严谨务实的态度对待月饼制作				
较出色地完成月饼设计、制作、销售等项目活动				

总得星数（   ）   评价等级（   ）

我的收获：

七、教后反思

（一）慢过程——静待花开

农村的孩子视野不够开阔，但是他们质朴勤快、充满好奇心。热爱，是最好的老师。项目实践过程中，教师要多给予学生一些时间，不能急躁。本项目旨在用亲手做飞天月饼来激发孩子的求知欲，用项目完成的成就感帮助学生体验自我价值的实现。在工坊成立初期，教师参与指导的时候会多一些，随着学生对活动流程的熟悉，工坊可以逐渐交给孩子们自己去经营，教师只需适时地加以指导。

（二）创思维——未来可期

在围绕首发产品进行的一系列活动中，许多领域是学生未曾涉及的，具有很强的探究性和创新性。比如馅料，在以后的活动中会通过亲自选料、研磨、炒制，做出符合现代人健康饮食理念的低糖低油的馅料；其他原材料可以在减少制作成本的同时丰富学生的体验；设计、营销等活动需要我们去创新思考；工坊后续新产品的开发，对孩子们又会提出更多的创新挑战。

（三）重实践——感悟美好

创新是综合实践活动课程的灵魂，实践是综合实践活动课程生存的根本。在塘果工坊的项目实施过程中我们发现，实践比创新更难。我们的教研员说："塘果工坊是徐州市第一个学生的糕点房，是了不起的事情。""第一个"的深意是先人一步，这一步可能会顺利，但更多的是路难行。塘果工坊原本是基于省赛的催发，但是一步步实实在在的脚印使得我们欲罢不能。回头看，昨日的汗水和委屈已随风而逝，留下的是生活的甜蜜和美好。

课程9 校园里的春天
——巧用植物

一、活动背景

学校是学生学习、生活的主要场所,开发和利用学校资源,使学生不用走出校门就可以开展综合实践活动,便于活动的持续开展。校园植物作为与学生朝夕相处的最为亲近的自然环境组成部分,一直以来只起到了绿化、美化校园的作用,这笔巨大的宝贵"财富",一直没有发挥出它应有的作用、没有体现它的价值。很少有老师利用这些校园植物作为教学资源。每所学校都有丰富的植物资源,校园植物资源可以为开展综合实践活动提供丰富的素材,推进综合实践活动课程的常态实施。

在综合实践活动课程中,我从多个角度充分挖掘校园植物所蕴含的教育价值,开发校园植物资源,发挥校园植物资源的教育作用,让学生在优美的校园环境中、在与植物的相处中了解植物、欣赏植物、拥抱自然、实践探究,促进学生综合素质的提高。

二、活动目标

(1) 通过引导学生发现校园里的美景,使学生主动参与、勤于动手、积极思考,逐步培养学生收集和处理科学信息的能力、获取新知识的能力、分析和解决问题的能力。

(2) 在合作解决问题的过程中,培养学生的合作意识,提高学生的交流与合作能力。

(3) 通过制作标本、植物拓染、制作海报等活动,培养学生的综合素养。

(4)使学生树立主动寻求知识、探索问题的意识,培养学生的创新精神和实践能力。

三、活动内容

本项目分为寻春、留春、拓春、示春四个主题。

(1)寻春:通过带领学生完成寻找叶缘、叶脉、单复叶任务卡,让学生寻找春天的叶片。

(2)留春:通过制作植物标本、叶脉书签等活动,将叶片保存起来,保留春天的景色。

(3)拓春:通过植物敲拓染活动,将植物色素和形态拓在方巾上,拓上春天的美景。

(4)示春:通过制作海报,将之前的作品进行设计,展示校园的春天。

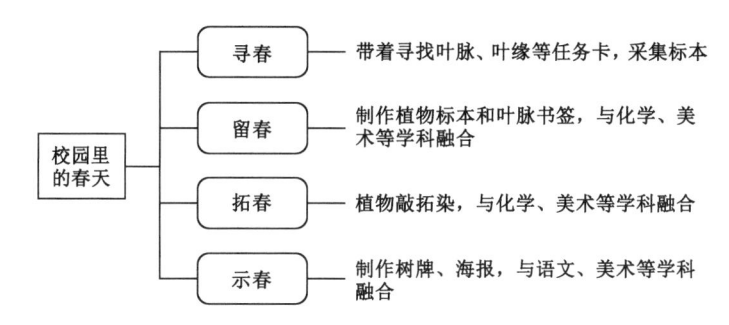

```
校园里       ┌─ 寻春 ── 带着寻找叶脉、叶缘等任务卡,采集标本
的春天   ────┤
             ├─ 留春 ── 制作植物标本和叶脉书签,与化学、美术等学科融合
             │
             ├─ 拓春 ── 植物敲拓染,与化学、美术等学科融合
             │
             └─ 示春 ── 制作树牌、海报,与语文、美术等学科融合
```

活动设计方案

四、活动准备

以小组为单位开展各项活动,每组 4~5 人,推选出 1 名组长,由组长带领本组成员完成课上活动或实验,并协调与其他组的活动。

五、活动过程

(一)第 1 课时:"寻"春

1. 活动准备

(1)教师准备:课件、教案、视频、任务卡、塑料袋等。

(2) 学生准备：查找校园内常见植物及其名称、特点等资料。

2. 活动1：了解校园里的植物

(1) 校园里有很多植物，哪些是你认识的呢？

(2) 播放校园里植物的视频和介绍，了解校园里的植物。

(3) 教师分享校园植物的照片、名称和特点。

3. 活动2：认识叶的形态

叶的形态各种各样，你知道叶有哪些形态吗？

叶形、叶缘、叶脉、单叶、复叶等。

4. 活动3：带着任务卡去寻找

(1) 你认为我们在寻找叶片的时候，需要注意哪些事项？

(2) 排队走出教室，以小组为单位，带着任务卡寻找叶片，并将叶片粘贴在任务卡上，比一比哪一组找得又全又快。

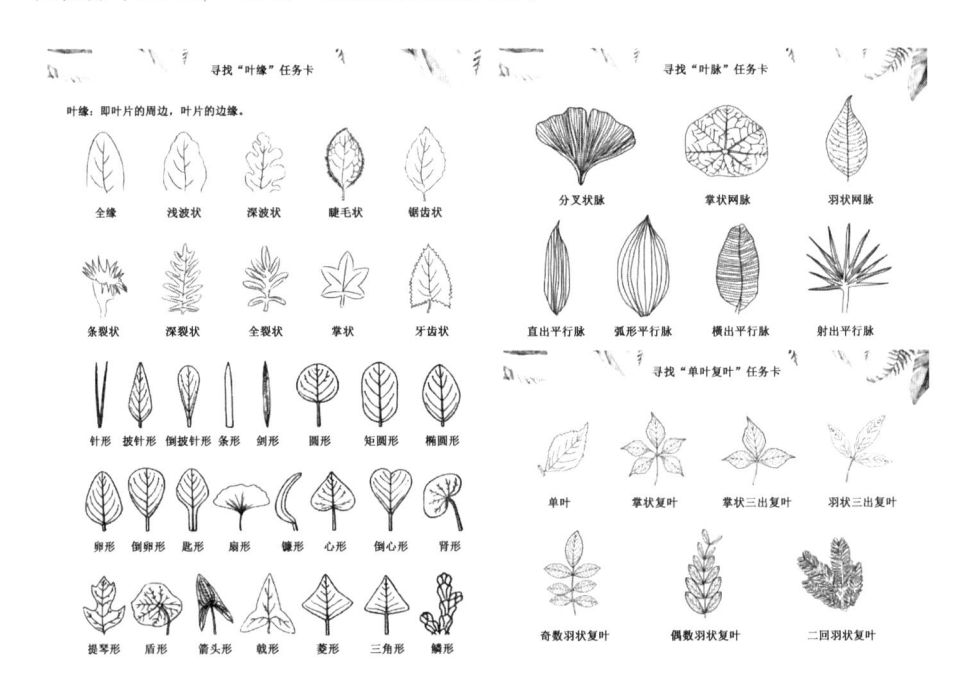

寻春任务卡

5. 活动4：采集植物标本

(1) 以小组为单位，分组采集植物标本，放入袋中。

(2) 小组统一活动，不可擅自活动，不可破坏植被和环境。

(3) 将采集的标本放入不常用书中干制。

6. 活动5：总结与反思

总结经验，分享成果。

(二) 第2课时：留春——标本制作

1. 活动准备

(1) 教师准备：课件、教案、视频、冷裱膜、氢氧化钠溶液、三脚架、酒精灯、石棉网、烧杯、镊子、白纸、水彩笔、签字笔、双面胶等。

(2) 学生准备：提前查阅标本制作方法和所需材料，自备滴胶等材料。

2. 活动1：分享植物标本制作方法

各小组汇报和分享本组收集到的植物标本制作方法。

(1) 塑封法。

(2) 滴胶标本。

(3) 腊叶标本的压制与装帧。

(4) 其他标本处理方法。

3. 活动2：利用冷裱膜制作标本

(1) 将之前采集干制的标本，在白纸上摆出自己想要的造型，写上标签（班级、姓名、植物名称或作品名称）。

(2) 用冷裱膜进行塑封，刮平。

(3) 用剪刀剪出自己想要的造型。

(三)第3课时:留春——制作叶脉书签

1. 活动1:思考准备

(1) 想一想:要做成叶脉书签,需要准备哪些材料和器具?选择树叶时,要注意哪些方面?

(2) 你们小组准备怎样进行分工合作呢?

2. 活动2:制作书签

全班同学在老师的引领下,动手尝试制作叶脉书签。

(1) 组长领取适量的提前调配好的氢氧化钠溶液和制作叶脉书签用的树叶。

(2) 把三角架、酒精灯、石棉网按顺序摆好,把盛放氢氧化钠溶液的烧杯放在石棉网上。

(3) 将叶片放到烧杯中,点燃酒精灯,加热氢氧化钠溶液至沸腾。在此过程中,用镊子轻轻搅动树叶。

(4) 不时地用镊子拿出叶片,用手感觉叶肉是否煮烂。

(5) 在瓷盘里加适量水,将已煮烂的叶片放到其中。用旧牙刷刷叶片,先刷正面,从叶柄向叶尖、从主脉向侧脉有序地刷,直至刷掉叶肉;将叶片翻转,用同样的方法刷,直至只剩下网状脉。

(6) 将叶脉放到盛有清水的烧杯中,洗去残渍。

(7) 将叶脉放到标本纸中压展、压干。

注意:氢氧化钠具有一定的腐蚀性,使用时要注意安全,必须规范操作,不得使其与皮肤直接接触。

3. 活动3:美化书签

为了让书签变得更美观,你还有什么好办法?

4. 活动4：展示与分享

(1) 拓展：利用滴胶等方法制作标本。

(2) 把自己小组的作品通过展示和汇报的形式分享给大家。

展示与分享

书签名称	自评优势	制作心得	反思提高

(四) 第4课时：拓春

1. 活动准备

准备植物敲拓染所需的工具：新鲜植物、胶带、敲拓锤、棉布等。

2. 活动1：认识植物拓染技术

(1) 教师介绍传统拓染技术，使学生了解植物拓染的原理。

(2) 你认为植物敲拓染应选择怎样的材料？需要哪些工具？敲拓染过程中需要注意哪些事项？

3. 活动2：植物拓染

(1) 选取新鲜的叶片和花瓣。

(2) 将明矾兑水化开，将要拓染的叶片、花瓣浸泡在明矾水中20分钟，捞出擦干待用。

(3) 把叶片铺在棉麻布上，摆出自己喜欢的图案，用透明胶带固定住叶子和花瓣。

(4) 用敲拓锤用力敲打植物，它的色素就会自然地印在布袋上，不要着急,慢慢敲。

(5) 将胶带和植物一起轻轻地撕下来,清理干净布袋表面。

(6) 将布袋浸泡在明矾水中 20 分钟固色。此步骤会轻微脱色,也可省略。

4. 活动 3:小结

总结经验,分享成果。

(五) 第 5 课时:示春

1. 活动准备

(1) 教师准备:宣传栏。

(2) 学生准备:根据任务查找相关资料,准备马克笔等材料。

2. 活动 1:整理作品

将前期完成的作品进行整理、分类,筛选出优秀作品。

3. 活动 2:展示作品

布置宣传栏、展示海报,宣传美丽的校园,呼吁大家热爱校园、爱护绿植、保护校园环境。

六、评价建议

活动评价表

评价内容	自评 ☆☆☆☆☆	组评 ☆☆☆☆☆	师评 ☆☆☆☆☆	评价等级说明
参与活动的态度和表现				优秀:总得星数为72颗及以上; 良好:总得星数为54~71颗; 合格:总得星数为32~53颗; 不合格:总得星数为32颗以下
合作精神与合作能力				
呈现海报作品				
能流利讲解海报作品				
职责履行情况与取得的成果				
对小组活动中遇到的难题是否提出过有用的建议				

总得星数(　　)　　评价等级(　　　)

我的收获:

课程 10　穿越千年的邂逅

一、活动背景

选题缘起是 2006 年中央电视台《异想天开》的一次外拍活动。主办方要求几所学校，通过创意呈现出一本"奇异的书"。在这个过程中，徐州一中的《中国徐州汉画壮馍典藏》脱颖而出。这是一本"可以吃的书"。它将徐州本土的汉文化与食文化通过传统书简的形式串联在一起，这一次风马牛不相及的碰撞，引发出一系列既依托艺术又有别于纯艺术的"学习革命"。历经多年，这个主题学习项目被学校保留下来，并不断完善和发展。

本项目的学习资源主要依托徐州的汉文化历史和民俗美食。张颖震老师作为项目开发者，以执着和严谨的教学姿态对活动做了多样的综合设计。自课程开发以来，学校的每届学生都通过课堂或社团活动或多或少地参与到张老师的项目学习中，"拓印烙馍"和"汉画壮馍"早已成为徐州一中学生口口相传的课堂经典。在项目研究过程中，表现突出的学生实际上也是项目的共同开发者，他们和张老师一起探索、尝试并不断改进完善。历经多年实践，以"汉画像石与馍的千年邂逅"为主题的系列综合实践活动课程框架基本形成，并成为徐州一中宝贵的校本课程之一。

本案例因为是班组学习（年级各班都参与，学生完成整体活动的较多），故实施者未填学生个人。本案例中的学生指目前的高二年级学生,参加活动时他们是高一年级。

学生以小组合作学习为主,通过课外考察与课堂制作相结合的方式展开活动。在具体实施时,有浓厚兴趣的学生以社团组式组成团队,组织完成全部活动,如外出考察博物馆,选取喜爱的汉文化元素,外出考察馍的制作和种类,探求更多适合表现的食材,研讨制作"汉文化的馍",研讨课的拓展活动等;其他学生则以普及形式学习部分课程,如拓印烙馍、汉画壮馍的制作课学习。

在学习过程中,教学手段经常以任务布置和设计真实的情境问题来引导学生开展自主、合作和探究学习。如主题任务布置:请以徐州汉画像石图案与乡土面食为元素,通过拓印、雕刻、装帧等工艺,设计制作具有地方特色的汉文化创意产品。

对于教师而言,更多的要求是知识的广博和活动的组织能力。教师要了解徐州的汉文化历史及相关场馆情况,要熟悉拓印、雕刻等美术工艺,要知道徐州的特色美食及制作工艺等;要有一定的活动组织能力和研究学习的能力,准备好外出安全预案等;要有与其他教师合作和转介的能力,以便于课程与更多学科知识相融合,引领学生走向更深度的学习。

活动资源因取材于徐州本地的历史文化和常见的民俗美食,所以无需购买昂贵的设备技术等物资,仅需很少的课程费用就能实施,方便可行。

下述为本次活动资源简介。

徐州是一座古老的城市,汉高祖刘邦的故里,汉文化的发祥地,"汉代三绝"(汉墓、汉兵马俑、汉画像石)影响深远。其中的汉画像石最为夺目,它通过石刻的形式记载着往昔的印迹,浓缩着汉代人独特的人文精神与文化内涵,传达着中华民族五千多年生生不息的灿烂文明。参观博物馆和汉画像石馆,学生能学到很多相关的汉文化知识并能选取自己心仪的汉画像石图案,甚至掌握汉画像石的特点自己直接绘制。

徐州是烹饪鼻祖彭祖的故乡,面食文化至今对后世仍有着极大的影响。烙馍和壮馍是徐州本地特色面食。旧时徐州人在过生日或者其他有意义的

彭祖像　　　　刘邦像　　　　汉画像石

汉墓　　　　　　汉兵马俑

场合时,让小孩、老人吃两口壮馍,以期身体健壮。烙馍作为一种徐州特有的面食,相传起源于楚汉相争时期。据史料记载,在北宋时,徐州百姓特制烙馍并卷上酥香松脆的馓子,送给抗金英雄吃。

二、课程目标

(一) 价值体认

学生通过自觉参加制作"汉画像石与馍的千年邂逅"产品,熟悉汉文化知识、徐州美食和美工工艺。在知识和能力增长的同时,完成了作品,体认自我价值的提升,增强自尊自信。

(二) 责任担当

在考察学习与产品的研发中,以弘扬中华民族优秀历史文化的责任感和热爱家乡、热爱劳动的情感来增强活动内驱力,培养家国情怀;同时,在合作学习中,形成集体责任意识与团队合作观念。

(三)问题解决

通过前期的艺术研学与团队交流,提出制作汉画壮馍与拓印烙馍的文创课程研发方案,在研究过程中不畏困难、善于思考、勤于实践,从而提升综合解决问题的能力与艺术人文素养。

(四)创意物化

积极参与动手实践操作,熟练掌握雕刻、拓印、装帧等民间工艺技巧,并能综合运用这些技巧制作完成汉画壮馍与拓印烙馍等的创意研发,增强创意设计、动手操作、技术应用及物化能力。

三、实施过程

整体学习过程为24学时,其中外出考察8学时,课堂制作学习6学时,自主再度研发设计及汇报10学时。以小组学习作为基本的学习组织形式。

(一)第一阶段:石上华章

用半天的时间到徐州博物馆或汉画像石馆考察学习。

1. 明确目标和意义

首先要使学生了解学习的目标和意义,从而激发学习热情。如教师可以深情地介绍:

徐州博物馆是征集、典藏、陈列和研究代表自然和人类文化遗产的实物的场所,这里记载了人类的历史、记载了时代的更替,更记载了家国的荣辱兴衰。它的价值不在于教化,而在于启蒙;不在于它有多宏伟、有多现代、有多少古物,而在于它的思想、它的视野、它的价值观,以及它带给观众的启迪和所要传递的精神。

这样,在教师真挚的语言引导下,学生可以以一种崇敬的心态开始博物馆的研学。当课堂搬进了博物馆,教师改变了一味灌输与说教的教学方式,使学生在真实情境下去观察、去接触、去欣赏丰厚的历史文化遗产,润物无声地涵养了家国情怀,不失为一种事半功倍的探索。

2. 探究策略和方法

博物馆课程开发的要旨是引导学生打破学科间的壁垒,培养学生对知识的综合运用能力,带着问题去探究,走到哪便学到哪。

(1)参观目标课题化。

我认为,研学只是过程,目的是让参与者有所感悟,再以这种感悟去影响他们的思考方式乃至个人的发展方向。为了让课程更具影响与价值,我尝试层层选拔优秀学员组成"徐州一中艺术研学交流考察团",每期以不同课题去立项研究,让每一位同学更有针对性地关注、体验及探究"身边的艺术"。从楚王陵到徐州博物馆、从户部山民居到汉画像石馆,带着一群学生找寻徐州厚重的历史、感触家乡丰富的人文,让艺术研学不再是一种口号,而是实实在在地走进学生的心灵世界,让他们拓展课外知识的同时,提高自身的美术核心素养。

(2)灵活的学习方式。

博物馆研学过程也是学习探究思想提炼的过程,博物馆古物鉴赏是学生从感性认识到理性认识的逐渐上升的再审美与再创作过程,就体验空间而言,这是其他学科无法替代的。所以,在鉴赏过程中让学生主动参与并使其真正成为鉴赏的主人,才是提高人文核心素养的关键。

为此,我们想了好多办法。如研学时提醒同学们:学校在知识节期间将开设以博物馆为主题的知识竞赛。赛题以文物经典为主,并穿插艺术研学等相关话题,题目前后之间会彼此关联,成系列化,由一条主线串联起所有问题。这样,想获胜的同学就一定要自己设计问题并带着思考去研学。同时,我们鼓励学生给我们提供有挑战性的赛题。

这种设计不仅激发了学生的学习欲望,而且问题的设计形式还让学生在错综复杂的题海中感触到文化的多元。

(3)重点介绍和示范性学习。

基于课程项目内容的因素,针对那些对本项目有浓厚兴趣的学生,我们要有意无意地引导学生多关注汉画像石,教师可以重点介绍,可以示范引导学生鉴赏,也可以安排个别学生提前学习、让学生来介绍,这样更能增强学生的竞争性学习意识。

如总体介绍:

千古龙飞地,一代帝王乡。两汉在四百多年的时间里为徐州留下了大量的文化遗存与名胜古迹,其中以汉画像石最为夺目。汉画像石,一种绵延千年的时代记忆,浓缩着汉代独有的文化内涵,以现实主义手法记载着往昔的印迹。在斑驳的青石上,古朴厚重的文化气息悄然脱颖,在历史的辙印中,传达着中国五千多年生生不息的灿烂文明。

如赏析介绍《庖厨图》：

它是徐州汉画像石博物馆中极为特殊的一块汉画像石，它生动再现了两千多年前古人庖厨宴客的画面。上方是悬挂的猪腿、熏鱼，以及捆绑待宰的鸡犬；下方则是庖厨的过程，一人小心切肉，一人执扇烧烤，好一派"舌尖上的汉画"。文物的价值不在于教化，而在于启蒙。汉画像石以"石"为载体、以"人"为核心，传承着中华民族代代不息的奋斗精神与浪漫情怀。

这样的赏析讲解示范很有必要。我们可以让学生挑一块感兴趣的汉画像石进行研究，并在组内依次进行类似的赏析讲解。如此，学生的研学就变得任务化和趣味化。同时，在学生的讲述中，汉画像石的内涵、特点和意蕴也被深化和内化了。这样做，为下一步学习打下了良好的基础。

在本阶段学习的最后，为了与后续学习进行有效衔接，可以同时提到另一位更古老的历史名人——彭祖。

3. 问题提出

徐州不仅是汉高祖刘邦的故里，还是烹饪鼻祖彭祖的故乡，汉文化与食文化是这座城市挥之不去的符号。既然这两种文化有着千丝万缕的联系，那么，它们能否穿越千年而邂逅呢？

看着学生们露出脑洞大开的神情，教师要不失时机地进行任务布置：下一个任务是，设计个文创产品，让汉文化与徐州特色美食穿越千年而邂逅！

这种设计遵循了真实情境中创设问题的原则,从而使任务更有吸引力。一般来讲,学生们都会露出跃跃欲试的劲头。即便有学生知道之前学生的美食选择是用烙馍和壮馍来制作产品,他们也仍然想尝试做一做,甚至有采用不同的食材的想法。

(二)第二阶段:粉面登场

本阶段学生以小组为单位开始独立探究活动。烙馍的制作被称为挑烙馍,因此本活动的目标是学会制作这一特色美食,以培养学生的劳动能力,包括生活自理劳动(可自食)和生产劳动(可售卖)。

(1)学生小组研讨,决定选择以"拓印烙馍"的方式完成产品。

烙馍在徐州很普遍,很多街道巷口里都有制作烙馍的作坊,因此,任务可以交给学生小组独立完成,教师交代好安全事项并提醒礼貌交往。

(2)学生以小组为单位,寻访会制作烙馍的亲邻,主动学习制作烙馍的技术,调查有关烙馍的徐州特色文化。

(3)学生准备好自己制作的烙馍,为课堂制作拓印烙馍做准备。

(4)学生查阅资料,了解拓印工艺的操作技巧。

这项活动看似简单,实际还是有挑战性的。学生需要找到烙馍制作者,还要耐心学习挑烙馍的技术。鉴于家中工具的短缺,学生需要在制作者那里完成自己制作烙馍并带回学校的任务。这些工作需要学生能够与他人顺利地沟通交流并赢得他人的支持。有些学生会直接买来烙馍,而另一些学生会认真体验并得到更多的学习乐趣。在这个过程中,我们可以用填写评价表的方式鼓励学生参与这项有意义的实践活动。

(三)第三阶段:千年邂逅

本阶段的目标是探究汉画像石图案的文化价值,学习拓印工艺的基本技巧,并能够以学科知识及生活经验体验拓印工艺。

1. 学习支架

历史、美术等学科中的汉画像石研究及拓印工艺的操作技巧,《徐州汉画像石赏析》《石上史诗》等书籍的查阅与整理。

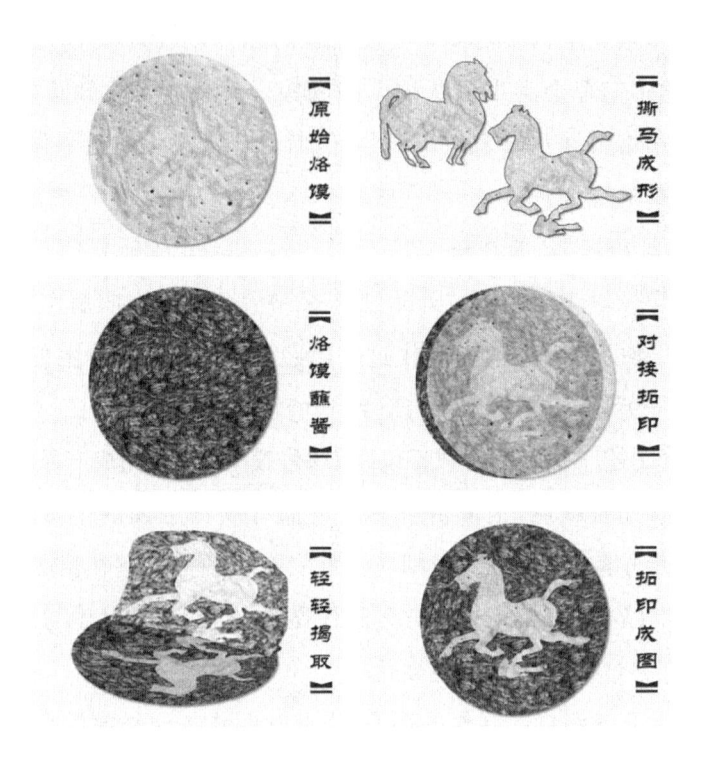

【原始烙馍】【撕马成形】
【烙馍蘸酱】【对接拓印】
【轻轻揭取】【拓印成图】

2. 学习环节

(1) 自主学习,学科融合。自主学习学习支架中的相关书籍,研究相关知识体系,以期设计出具有徐州异域特色的拓印烙馍。

(2) 小组合作,展开设计。每个小组总结经验,并展开更高层面的创意交流,集思广益完成拓印烙馍最优设计方案。

这是一次真正"色香味"俱全的课程,青石换作白面、汉画移至餐桌,汉文化与食文化在彼此碰撞中迸发出新的火花。这是一次"异想天开"的课程,也是一次充满美味和趣味的实践。

课堂上,同学们选取上等酱料,甘醇浓郁的气味在空气中挥发,随之将其在烙馍表面均匀涂抹,烙馍与酱料巧妙配合,两种不同的香气绝妙地交织在一起,刺激鼻腔内的神经,幻想着满足味蕾后的快感。学生们随后将另一张烙馍慢慢撕开,用不规则的图形在烙馍表面拼贴出车马出行、田耕狩猎、乐舞传说等汉画像石的轮廓。最后再将第三张烙馍铺于其上,轻轻拍打,慢

慢揭取,使酱汁在烙馍上拓印出青石一样的沧桑。

这堂课,学生的快乐溢于言表,宋祉谕在课后感言里写道:当沉甸甸的汉画像石跃然"馍"上,甜面酱成为颜料,撕碎的烙馍拼贴出生动的汉画,可真是"把烙馍做成了你吃不起的样子"。它承载了千年的邂逅,古人的艺术智慧沉甸甸的。

诗画的语言,既表白了少年对古代艺术的敬慕、对馍艺术化的欢喜,也道出了自身历史责任的觉悟和担当。

3. 问题提出

拓印烙馍的课堂画面效果很好,老师可适时指出一个尖锐问题:"由于烙馍面皮软薄,长时间暴露在空气中会变脆、易破,拓印难以保存。怎么办?"

为解决这道难题,同学们需集思广益,再次找寻更适合的食材作为承托汉画像的载体。研讨结果:用壮馍代替烙馍。

(四)第四阶段:汉韵重生

壮馍,徐州另一特色面食,被徐州人称为"锅盔",是干粮中的"巨无霸"。壮馍与烙馍不同,吃的人不是太多,会做的人也不多,但在农贸市场可以买到。

1. 学习目标

了解汉画壮馍的制作工艺,赏析汉画像石图案的艺术价值,掌握雕刻工

艺的基本技巧。

2. 学习支架

《徐州乡土美学》校本教材主要讲授徐州本土的文化遗存及艺术资源，旨在通过民间艺术的学习让学生了解乡土文化的整合与利用，提高学生对乡土资源的热爱及对民族文化的自信。

3. 学习环节

(1) 实践观察：在创作产品之前，小组成员观察、遴选汉画像石图案。

(2) 小组讨论汉画像石的抽象提炼，根据壮馍尺寸绘制图案。

(3) 自主学习校本教材，设计制作汉画壮馍。

4. 设计制作

将摹好的汉画像石图案覆于壮馍之上,用细密的针孔凿成精致的轮廓,汉画像石的神韵便嵌入其中。选取浓郁老抽蘸在被雕刻部分的汉画壮馍表面,汉代的文化记忆便由此镌刻在美食之上。微微上翘而焦黄的壮馍,神似泛黄老旧的古卷。深褐的酱汁渗入壮馍,浓郁的酱料夹杂着面食的清香,古朴简约的汉画壮馍描绘出庄严肃穆的历史风韵,使味蕾的刺激与视觉的冲击得以完美交融。

5. 问题提出

在学生再次为自己的劳动产品而自豪的时候,老师又提出现实问题:两种不同的文化间进行了一次微妙的组合,让大家对徐州的文化与资源有了一种全新的理解与认识,也让两千年前的历史通过你们的双手变成可以触摸的现实。活动接近尾声,还有最后一道难题摆在大家的面前,那就是如何将眼前的这些汉画壮馍长久保存,以便让更多的人去了解这件文创背后所蕴藏的故事呢?"

(五)第五阶段:馍书物语

1. 制作产品目标

馍书。

2. 设计制作

通过网络查找中国传统书籍装帧形式,找寻适合制作汉画壮馍精美书本的方式。因馍书装帧制作成本较高,目前只能是少部分学生与老师共同制作,如何解决该问题我们将在下一阶段进行课程探究。书是有体系的,学生需要把制作的每一张书页建立关系。在制作过程中,学生要能够从微观与宏观的不同层面认识乡土资源中的人文精神与文化内涵,从而更好地进行设计编排。这样的课堂更具有挑战性,但也更适合志在此方的研究小组。

学生徐欣彤说:"馍书制作,着实为同学们的学习生活平添了一抹亮色。但与此同时,它更重要的意义在于,给了朝气蓬勃的少年们一个敢想敢做的机会。有言道:'学习在别处',正是这些看似'不务正业'的天马行空,最大

限度地拓展了同学们的艺术品味与创新思维。"

（六）第六阶段：创意展示

这个阶段的活动是本学期新提的课程拓展要求，还在进行中。我们在前期发现，有些学生跟着课程走完一遍（大多模仿老师、同学的作品）就把这个项目放下了。而我们认为，学会了基本技能之后，学生的创意项目才算是刚刚开始。

为此，我们提出要求：学生小组独自设计研发方案，不拘泥于汉文化和食文化的融合，但是要体现两种文化的碰撞是有趣且有意义的。小组要自寻材料和方法，完成设计和制作。对于方案完整、任务职责明确的小组，学校将提供相应的教师指导甚至物资支持。

我们计划对完成任务的小组增加 10 学时的课程，其中有 1 学时为汇报展示。

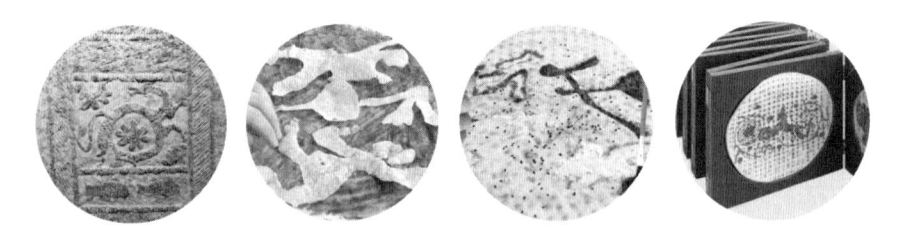

综合实践活动课程是一个有挑战性的教学课程，每一个精心设计的活动都不应是短促的，教师们要不断地给活动注入新的问题，犹如新鲜血液一般，使项目系统化、长效化。这些都需要我们再探索。

四、效果评价

在教师的指导下,学生们到博物馆考察并选定汉画像石作为题材,去街头巷尾寻找并确定烙馍和壮馍做表现食材,多次创意制作,从"拓印烙馍"到"汉画壮馍"再到"馍书物语",最终形成一本可以"吃"的书,实现"石"和"食"的相遇,使五千多年的历史随寻常食物进入百姓人家。

从总体活动实施来看,参与的众多学生都从这种文化馍的制作中得到了乐趣和创意的感悟。从参与度来看,项目组的学生喜悦更多、收获更大,他们从新奇到喜爱、从跃跃欲试到大胆表达,完成了一件件看似"不可能"的事情。(学生张序一语)

简而言之,综合实践活动给予的快乐和成长是谁"动"谁知道。

为促进和指导学生更好地活动,我们在活动中设计了评价表。

活动评价表

维度	具体要求	分值	得分
产品名称	能体现两种文化的有意义的碰撞和融合	10	
方案设计	时间具体、方法可行	10	
研究过程	有数据、图片、文字等翔实的过程记录	15	
	每个成员都有分工并能合作完成整体任务	15	
	能够创造性地解决遇到的问题	15	
	每个成员学会一种劳动技能	15	
研究成果	汇报清楚,解释得当	10	
	有拓展或推广的计划	10	

五、活动反思

(一)综合实践活动有利于学生多元化发展

综合实践活动课程的实施,带来了多元化的活动天地,多种活动挑战也给学生带来了更多快乐。例如,有的学生很快就学会了挑烙馍,比我这个大男人速度快得多,这样的事情虽小,但会给学生带来很多学习的快乐。加德纳的多元智能理论告诉我们,人的智能各有所长,教师在教学中要尽可能让学生对自我有正确的认知,不要轻易否定自己。但是,要想很好地做到这一点,必须实施课程改革,大力推进综合实践活动之类的多元学习,否则,不仅学生会自我否定,教师也会迷失。

(二)综合实践活动使教师更会教学

综合实践活动与其他课程不同,课程内容需要教师再开发。在新的课程中,教师要学习制定新的实践活动目标、设计方案、确定评价办法等有些烦琐又很有创意的工作。而在传统教学中,对教师是没有这种大换血的要求的。在做与不做之间,其实也正是考验教师愿不愿掌握这种可贵的现代教学能力。实践证明,开展综合实践活动课程的教师更能灵活地通过有意义的设计和评价督促学生进步。比如传统教学要学生创新,可能只会反复念叨,但综合实践活动课程的教师则擅长用设计和评价鼓励学生创新。例如,本课题设计就给学生的思维带来了许多启迪。很多学生表示,没想到可以有这样子的文化"牵手"。同事,评价设计中的创新要求也有意识地提醒学生要打破旧的思维框架、要创新发展。所以说,认真开展综合实践活动课程的教师必是智慧的教师。

(三)要清醒地在路上

本课程研发也不是一帆风顺的,其中有师生的共同喜悦,也有课程陷入框框束缚的尴尬经历。当拓印烙馍、汉画壮馍经过多年的课程磨练后,在成熟的同时也出现了固化模板的危险。几经研讨,我们发现综合实践的魅力在于它的不断创新,如果停留于现有发展状况必然要走入死胡同。所以,我们在馍书物语后,计划为学生设计大挑战——自主设计不同文化的牵手,自主选择更有个性想法的文化材质,例如,如何让汉画像石与信息科技牵手?如何在汉画像石中用艺术风格展现现代生活风情?这些,将会使我们的课程更有意义,也更有利于更多不同专业的老师加入这个"邂逅"队伍。进一步反思我的文化邂逅课程,我认为我们需要更密切的教师合作团队,以使课程遇见更美丽的邂逅。

课程11 打印一中

一、活动背景

2020年,徐州一中九里分校将搬迁至新校区,为给母校、校友留下宝贵资料,也给我们自己留下美好记忆,我们决定成立"打印一中"项目组。项目通过打造一中建筑模型并进行销售,旨在塑造一中形象、宣扬一中文化,在为同学及校友呈现母校纪念品的同时,也为公益事业提供资金支持。

我校具有重视科学教育的传统,有着崇尚科学精神、坚持科学态度、讲究科学方法的浓郁氛围,确定了"全面发展,科学见长"的办学特色。指导教师张雯雯2012年至2018年负责国际部创建及管理工作,注重借鉴国际课程理念,在活动课程方面积累了丰富经验;指导教师梁继程作为校团委书记,在引导学生科学制定活动规划、保障活动效果等方面能够提供切实可行的解决方案和实际帮助。

项目组师生克服校内资源不足的困难,自费购买无人机及零部件,自费采购打印材料,租用企业3D打印机,精打细算、自力更生、勤俭节约,为项目开展创造了必要的物质条件。

技术准备:① 无人机操控,学习使用 DJI Go 4 软件、学习使用无人机进行空中三角测绘;② 电脑建模,学习 ContextCapture、SolidWorks、3ds Max 等软件的使用;③ 视频剪辑,学习 Adobe Premiere 软件的使用。

二、活动目标

(1) 学生通过开展以弘扬学校精神为宗旨的"打印一中"科创活动,进一步增强文化自信,强化主动奉献社会、服务他人的意识和能力。

（2）学生通过互动创意，组织参与活动，各自发挥兴趣特长，积极协作互助，勇于承担急、难、繁、重的任务，进一步增强团结协作、勇于担当的精神。

（3）学生在不断优化拍摄、建模、选材、打印等方案的过程中，进一步提升物理、数学、信息等学科的知识水平和统筹优化、比较鉴别等方面的科学素养。

（4）学生通过主动学习、不断探索、精益求精、坚持不懈，创造出自己满意、他人喜欢的作品，并取得良好的市场效益，真正体会实践创造的乐趣。

三、实施过程

2020年2月，我们有了"打印一中"的想法，聚集了几位志同道合的同学，开始了我们的项目研究。历时3个多月，同学们完成了航测、计算机建模、选择打印材料和适当的美化包装及销售等一系列工作。整个过程大致可以分为五个阶段。

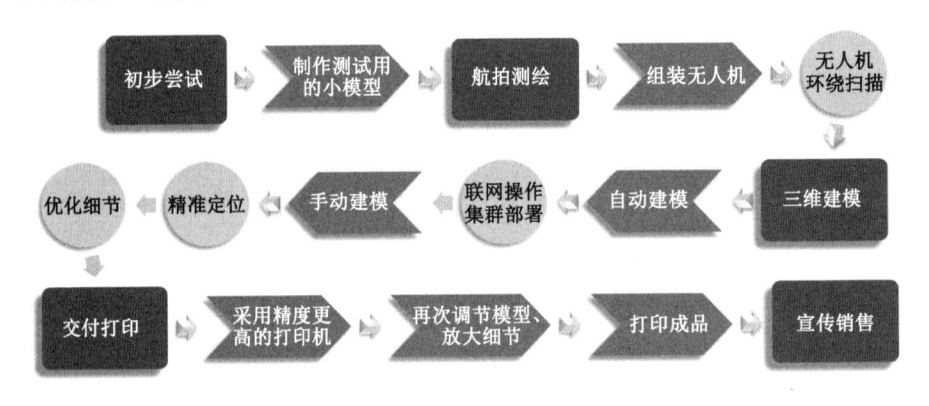

项目实施步骤

（一）阶段一：初步尝试

在实际航测前，张乔楚同学首先用手机摄像功能，扫描了一个埃菲尔铁塔的小模型，用它来测试ContextCapture这款软件的自动建模功能。经过软件的自动分析与渲染，顺利地制作出了模型，这证明同学们想要通过计算机全自动建模的想法是可行的。随后，指导教师召开网络视频会议，制定了项目的实施方案及细则。

(二)阶段二:航拍测绘

使用无人机对徐州一中夹河、九里两个校区的标志性建筑进行航空测绘,为建模提供航测数据。

学校许多建筑都有镂空、雕花等较复杂工艺,这给无人机的识别系统带来了较大挑战。发现市面上的无人机不能满足拍摄需求,张乔楚同学便自己购买零件,组装了一台六旋翼无人机。该无人机体积相对较大、载重能力强,可以搭载分辨率更高的相机。

为了提高航测的效率,杨竣斐和陆俊达同学采用了"空中三角测量"方法操控无人机,并对待测建筑物绕圆飞行,每间隔 2 秒拍摄一张倾斜俯视照片。

拍摄老校门时,由于校门被茂密的树木、藤蔓掩映,无人机无法完成多角度拍摄,这给建模工作带来了很大不便,拍摄一度陷入停滞。经过反复思考后,主要负责建模的吴奕君同学大胆提出,只拍摄正面的图片,对于俯视、侧视等其他视角,采用数学计算的方法来完成。后期,经过艰苦的运算,加上合理的推理和反复比对,最终完成老校门的模型数据录入。

点评:

在网上查询资料,学生感觉"空中三角测量"很复杂,硬着头皮才囫囵吞枣地看完了那些复杂的原理介绍,但在实测过程中,却惊喜地发现,拍摄过程简单、顺利。原来是强大的软件技术支持,使原本复杂的工作得以简化。同学们不由得感叹:"知识就是力量!"是科学技术的创新发展,推动了工作、生活的不断进步。

(三)阶段三:3D建模

构建徐州一中3D模型时,前期采用航测数据合成,自动生成模型,但因模型失真,且精细度不够,后期由同学手动重建。

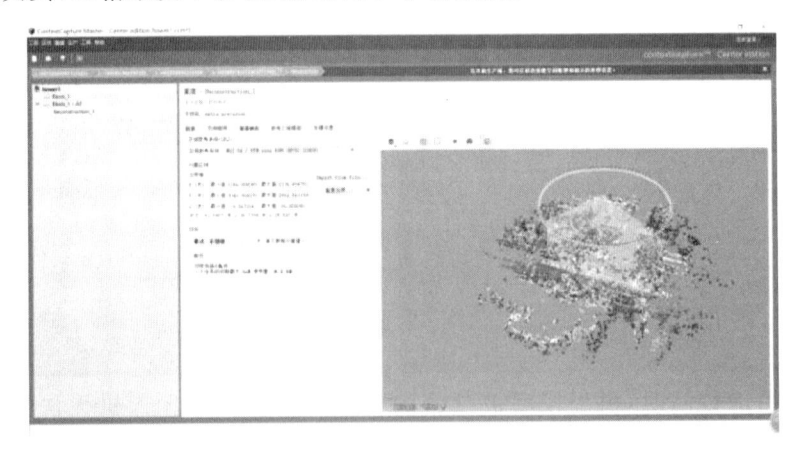

1. 自动建模

航测工作完成后,根据航空测绘的数据,开始构建一中3D模型。一开始,我们借助计算机软件进行三维模型自动创建工作,但因校园实测数据庞大、加工困难，模型渲染加工时失真，并且其精度也远不能达到要求，建筑的很多细节部分丢失，例如字迹、雕花等。认真总结交流之后，改变计划，使用三维建模软件手动重建模型，而原来计算机自动生成的模型，则成了我们后来手动建模的重要参考。

2. 手动建模

手动建模的过程非常困难，同学们反复琢磨，多方论证，力求取得理想中的效果。

（1）精准定位。

将软件生成的校门 3D 模型导入 SolidWorks 中，将其作为参考重建模型。工作刚开始就遇到了一个难题：生成扫描模型的原理[①]有缺陷。正常情况下模型的每一个平面应由三个定位点来确定，但由于航拍精度限制，计算机生成了多个不共面的定位点，进而得到的是一个曲面，难以确定原本平面的确切位置。在深入思考后，吴奕君同学提出先化面为线[②]、再取平均的方法，确定了最终的平面。

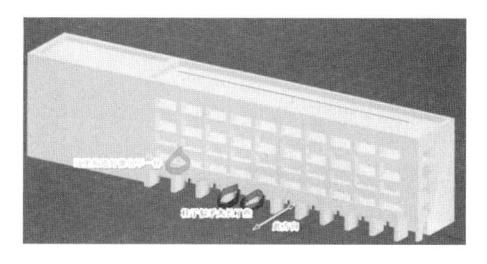

建模的顺序是由下向上进行的，随着模型不断向上累加，又一个问题逐渐显露了出来：计算机合成的模型并不是完全竖直的。一开始这个误差不易被察觉，但是当模型建成后，这种微小的偏差就累积成了一个较明显的偏

---

① 建模时，计算机会先自动选取定位点，结合视频中不同视角的的图像，分析得出定位点坐标，再连接相邻的定位点构成平面，最后由所构成的平面包围成物体。这样，得出的模型每个平面上都有几十个定位点。由于航拍精度限制，这些定位点并不都在同一个平面上，因此每个面都凹凸不平，难以确定它准确的位置。

② 化面为线：当我们从侧面观察一张纸的时候看到的是一条线。如果这张纸是凹凸不平的话，我们会观察到若干条线段。我们对这些线段取平均值，就可以确定最终的平面。

角,即使对建好的模型反复调整也无法修正。这正如同在实际生活中建筑高楼,打地基是最为重要的一个环节,如果地基没有打好,上层建筑建设得再精细,大楼也会因根基不牢而动摇。所以,在依照扫描模型建模前,必须要做好预处理,这一点十分重要。首先,将计算机合成的模型中多余的部分裁剪掉,以免在将来的建模中扰乱视线;其次,调整扫描模型的角度,保证横平竖直,这一步是至关重要的,而且要求十分精细。我们以 0.1°为调整的最小单位,反复旋转微调,确保了模型的精确竖直。

点评:

曾钰乔同学感受颇深:"在工作中,真是需要特别严格地要求自己,要关注细节和特别容易出差错的地方,小小的一个错误就会导致全盘皆输。"平日里老师反复叮嘱的道理,这一刻,因为自己的切身体会,学生们真的明白了!

在处理景观模型表面不平整的问题时,同学们还用到了工程力学机械制图中转化视角的思路。在这里,学科融合成了自然;反复实验成了必然;举一反三、联想想象、不会就学、学了就用,成了他们屡试不爽的不二法门!

(2) 优化细节。

建立第一个模型时积累的经验确保了后续建模时的快速准确。然而,在构建夹河校区校门模型时,雕花窗户的细节建模出现了新问题:亭子四面有窗,一开始的思路是:建模一面,剩余三面使用列阵完成即可。但结果却发现,这样得到的模型出现了不对称。应该考虑到,扫描的模型存在误差,只能作为参考,简单的仿照只会与现实的差别越来越大。既然建筑在设计的时候考虑到了对称性,在仿照建模的过程中就不能置对称于不顾。于是,我们针对模型认真进行观察、比对,寻找其中的对称关系,即便与扫描模型有一定的偏差,也一定要分析误差、尊重实际,努力选择最接近实物的建模。在之后的建模过程中,我们会根据需要先选准对称直线,再围绕此对称中心绘制。果然,又快速、又准确,起到了事半功倍的效果。

点评:

为确保模型垂直,在二维转三维的阶段果断地去掉了不重要的细节,以尽可能减少对整个平面平整性的干扰。学生在这里分清了主次、学会了取舍,对"知道忽略什么比懂得什么更重要"有了更直接、更深刻的体认。

"理想很丰满,现实很骨感"。舍弃部分细节、合理假设,反而使模型更逼真。这让学生真切地体会到:使用合理的退让规则,逐步缩小问题域,通过消除每次退让中产生的不一致,才能逐步缩小以至消除理想与现实的不一致。

(3) 智慧提速。

建模的工作量非常大,一开始完成一个模型,我们需要花费 20 多个小时。所以,在紧张的学习之余想要完成这个项目,还需要开动脑筋研究怎样节省时间。

① 编辑公式,智能复制。

在九里教学楼的楼梯建模过程中,如果一级一级建模,不仅效率低,精确度也不够。又由于楼梯不是简单的重复,而是随着级数的升高,不断向内收缩,所以也不能简单复制。吴奕君同学用数学方法分析了楼梯的特点后,归纳出楼梯的各种参量随级数的表达式:$h = n \times \Delta h$,$r = r_0 - n \times \Delta r$。之后使用 SolidWorks 的变量列阵功能,以级数为自变量,楼梯的参数为因变量,即可快速完成整个楼梯的建模。并且在后续的调整中,只需改变表达式中常数的值,就可以调整楼梯的尺寸了。

② 联网操作,集群部署。

航测工作完成后,我们借助计算机软件进行三维模型重建工作。校门模型所需的数据量较小,几小时便完成了处理。但教学楼航测数据庞大,处理时间成指数倍增长,预计需要数天才能完成处理。同学们通过查询资料发现,可以让计算机联网工作,这样可以大大缩短计算时间。于是,立即尝试将几台高性能计算机集群部署,大大节省了时间,顺利完成了计算工作。

点评:

建模完成后,吴奕君同学感叹:"数学在生活中真是太有用了!"在建模的过程中,同学们需要不断学习,才能应对和解决层出不穷的新问题。系统学习建模知识,时间成本高,而且学了不用很快就忘,但在实践过程中,同学们需要用什么就学什么,针对性强、目的性强、时效性强,在运用的过程中加深了理解、强化了记忆,对知识掌握得又好又快!

"知行合一",真的是提升学习效率和质量的最佳路径。

(四)阶段四:交付打印

由于学校没有3D打印的设备,只能在网上联系厂家进行打印制作。

模型在交付打印后,又出现了意想不到的问题:模型虽然建立得十分精确,但是3D打印机的精度却无法与之匹配,导致许多细节都打印不出来,样品上字迹模糊不清,许多雕花根本显示不出,作品失去了细节,光秃秃一片,也就失去了原有的神韵。吴奕君同学带领大家一起讨论,提出两种解决问题的方法:

(1)从3D打印机出发,采用精度更高的打印机。

(2)抽象模型,放大细节,以达到可以清晰打印的目的。

首先,将普通3D打印机换成光固化3D打印机,打印的材料也从热塑性塑料(PLA)换成光固化树脂(SLA),这样的改变使得样本上部分细节得以体现,而且外观也更加平整光滑。但是,这样一来,成本大大增加了,却还是有许多的细节无法呈现出来,所以还需要对模型进一步加工。建筑模型不应该是对原建筑的简单缩小,而应保留模型的关键部分,展示建筑特点和风格,舍弃无用的细节。因此,我们讨论了3D打印模型样本中的一些细节,总结了3D打印机可以打出来的细节的最小尺寸,并将不足尺寸的细节放大。如:放大九里校区教学楼上的墙体文字,加深窗户的凹陷深度,将门口的11级楼梯换成5级等。经过这些调整之后,3D打印模型的效果得到了极大提升。

光固化3D打印模型　　　　　　　　水晶雕刻模型

点评：

这个环节中有个有趣的故事：张乔楚同学考虑要降低成本，在网上找了两家商铺，用竞标的方法让卖家互相砍价，把一个模型的10元加工费，一路砍到了3元，最后，也许是价格太低，两家都放弃了这单生意。无奈之下，只好又重新选择了其中一个卖家，定价为5元一个。

学生们深刻体会到：市场运作，共赢才是"硬道理"！

（五）阶段五：宣传销售

宣传和销售工作主要是由徐州一中文创志愿者团队来完成的。撷秀极客社区携手一中文创志愿者团队，通过售卖校园文创，向助学组织"徐州甘霖助学"提供资源和善款帮助。宣传和销售工作主要分为三个部分。

1. 拍摄模型照片及视频

3月24日，利用午休时间，同学们在校园里取景对模型进行拍摄。

李文浩使用单反相机拍摄照片，曾钰乔和张乔楚使用大疆灵眸口袋云台录制视频，再将影像资料上传、筛选、添加水印等，最后成功拍摄出一中模

型照片及视频,为后期制作宣传图、宣传片提供素材。

2. 线上平台销售

在新冠疫情期间,一中文创团队成立之初只有六人,他们创立了QQ公号和微信公众号,开始利用这两个网络平台进行文创的线上销售。两人合作负责进货,三人合作制作宣传视频,两人负责用PS和Canvas网站制作海报,另外还有文案撰写、抽奖网站制作等大量工作。大家身兼数职,充分利用网课空闲的时间和周末,忙而不乱地工作,也深切体会到了"创业"的不易。

同学们用建立抽奖网站的方式让更多校友和老师了解整个项目,利用腾讯文档和石墨文档记录每一笔订单的详细信息。返校后,徐州一中两个校区的志愿者一起利用课余时间送货到班或者向校友分派快递,后续过程高效且有序。

大部分的商品销售较好,但由于前期市场调研不足,同学们垫付了大量资金定制的200个帆布袋和积压的部分存货,只能在后期义卖阶段慢慢销售。

3. 线下销售及义卖活动

随后又进行了若干次线下销售。第一次是5月1日在徐州金鹰购物中心开展的义卖活动。学生们联系商场客服部主管,创立微信群用于前期准备活动的交流。王歆雨同学汇总所有成员的意见,撰写了微信公众号文案,并共同设计了许多产品的拼接和宣传图。金鹰官方微信和微博平台推出公众号推文和宣传视频,一中文创公众号推出商品介绍,同学、老师、校友们积极转发,为义卖活动做了很好的宣传。

义卖当天,招募了八名志愿者,将义卖现场分成三个区,同学们各司其职,许多来现场购买的同学也自愿加入摄影或分发传单的队伍中。义卖十分火爆,不到中午商品就售罄,同学们立即推出了预定服务——填写地址和商品就可以快递到家。

徐报融媒的记者到现场对校友、老师进行采访,随后在"今日徐州"平台进行报道。在整个义卖过程中,一中文创和金鹰运营部、客服部合作顺利,我们对于商业慈善活动的运作有了更直接的认识。

有了前面的经验,端午节我们又在金鹰购物中心,联合徐州博物馆举办了"走状元路,过状元门"第二次大型义卖,活动的主题为"助力中考高考,助学困境儿童"。

自 2020 年 3 月 8 日徐州一中文创团队创立后,8 个月的时间,我们已经向甘霖助学的 4 个家庭持续每月捐助助学金 6 000 元整,生活用品和图书 600 余元;举办市内大型义卖活动 2 次,销售额近 20 000 元,总利润近 6 000 元;积累相关捐款 14 000 余元,将于 2021 年按月资助困难学生;为"八月英语"爱心支教团的教材和教具提供 700 元左右的支持;发表 QQ 公号说说 25 条、微信公众号推送 9 条,积累阅读量 15 529 次;现有余额 8 000 元左右,2020 校园体育节销售额 7 000 余元,积累售卖产品(包括不同款式和合作产品)40 余种。

学生们表示:"我们正值青春年华,学习之余,更应该去关心这个世界,用眼睛看、用耳朵听、用心去感受。我们都有无限潜力,成长的路上,应去做一些自己真正热爱且有意义的事情。公益,不是简简单单就可以做好的,需要长期不懈地为之付出。我们承诺把所有善款落在实处,送到我们走访了解过的处于困境中的学生手里,帮助他们的同时,送去一缕温暖的阳光!"

点评:

摄像、建模、优化、打印,整个实践活动过程涉及物理、信息、数学、工程、化学、艺术等多门学科,充分彰显了"综合性"的特征;组织团队、购买器材、实地拍摄、磋商修改、租用设备、义卖销售,充分彰显了"实践性"的本质。9 月 21 日,在徐州市教研室组织的初高中综合实践活动课程研讨会上,"打印一中"项目的汇报获得了满堂喝彩!

张乔楚同学在汇报中动情地说:"当人类开始仰望星空,那么距离他们揭开宇宙的终极奥秘就只有一步之遥。"起初,我们决定开始这个项目的时候,只是抱着试一试的心态,却在探索的过程中,逐渐开始热爱这个项目,最终走到了今天。我们也希望更多的同学与我们一起"仰望星空",追寻自己

的梦,把梦想的变成所追寻的,把追寻的变成所热爱的,把热爱的变成现实的。

"心之所向,素履以往",纵使"生如逆旅",仍能"一苇以航"。

四、效果评价

综合实践活动鼓励并尊重学生富有个性的自我表现方式,我们采用了学生自我评价、同学互评与教师评价的综合评价方式。

(1)通过活动观察、评价每位同学的表现,准确把握学生的状态,包括策划、参与、组织、体验、表现等方面。

(2)通过项目组成员活动记录表,评价该小组的活动准备情况和合作

（3）通过对每位同学的任务完成情况，评价认定其水平及能力提升情况。

（4）通过撰写课程小结，理解项目的意义，并在小结中总结自己的收获与遗憾。

（5）通过填写自我评价表，启发学生思考活动过程给自己带来的变化。

（6）通过相互评价，逐步培养学生尊重、理解、欣赏他人的态度，拓宽学生视野和胸怀。

五、活动反思

综合实践活动既是新课程的亮点，也是新课程实施过程中的难点，在以培育学生核心素养为宗旨的教育实践中具有举足轻重的地位。实施好综合实践活动，对广大一线教师而言，既是挑战，也是主动转变教育教学方式的机会和突破口。

（一）要立足学生实际，从学生兴趣爱好出发

"打印一中"是这群孩子的真实愿望，植根于他们的日常学习生活实际，他们将个人的兴趣爱好和公益行动有机结合在一起，一群人之间的优势互补，使这个群体在具体实施过程中左右逢源，总有人在最需要的时候发挥特长，使一个个难题迎刃而解。

层层深入的过程中，最突出的特点就是，问题推着项目走，学生推着教师走。教师真正走下讲台，走进学生中间，和学生一起学习、思考，站在学生的身旁为他们鼓掌喝彩。实际上，在创新创造的道路上，从来就没有领路人！没有了无所不知的"先生"、无所不能的"导演"、无微不至的"保姆"，淡化消除"被关心""被指导"的阴影，学生才能成为学习的主人，也才能真正激发出斗志、潜能，在学习过程中不断增长智慧和才干。

（二）要及时科学评价，激励引导学生在活动中不断完善提升

习惯于传统教学的结果性评价、习惯于给学生"打分数"，因此在面对此项综合性、生成性非常强的活动时，一时很难制定出一套多维多元、

兼顾过程结果、定性定量结合的评价方案,不少评价指标、体系是在实施过程中,甚至是在结束后才修改完善的,影响了对学生引领和激励的效果。

综合实践活动是由教师和学生共同构建的生成性课程,这一特点决定了对它的评价必须关注学生活动的全过程,并通过评价引导学生关注自身在活动过程中的成长。教师深感自己能力不足,还要加强学习,不断提高理论素养、总结经验、探索规律,从而构建更加科学有效的评价方案。

(三)再规划再出发,让更多学生沿着弘扬个性创新创造的道路飞得更高更远

"打印一中"项目,获得了徐州市第八届学生综合实践活动成果评比一等奖。但这项活动,还只是对校园现有建筑物的复制,离真正"从无到有"的创造相差很远,这也正是这群孩子在完成了这项活动后欲罢不能的原因。

因此,我们计划开展"梦想校园"设计活动,激励更多学生根据自己的理想,为自己改造教室、实验室、图书馆,为自己打造梦想校园。又不止是"梦想校园",还有"美好生活""理想世界"……同学们可以通过设计导入更多更美好的想象,通过3D打印把梦想变为现实。让3D项目成为学生们的创意乐园!

· 学生查阅相关资料链接:

(1) 三维建模软件官网。

① ContextCapture 官网。

https://www.bentley.com/zh/products/brands/contextcapture。

② SolidWorks 官网。

https://www.solidworks.com/zh-hans。

③ 3ds Max 官网。

https://www.autodesk.com.cn/products/3ds-max/overview。

(2) 视频剪辑软件官网。

https://www.adobe.com/cn/。

（3）参考教程。

① 航拍三维建模。

https://www.bilibili.com/video/BV1g7411n7Q9。

② ContextCapture 集群部署。

https://blog.csdn.net/qq_34719188/article/details/79966477。

- "打印一中"技术清单：

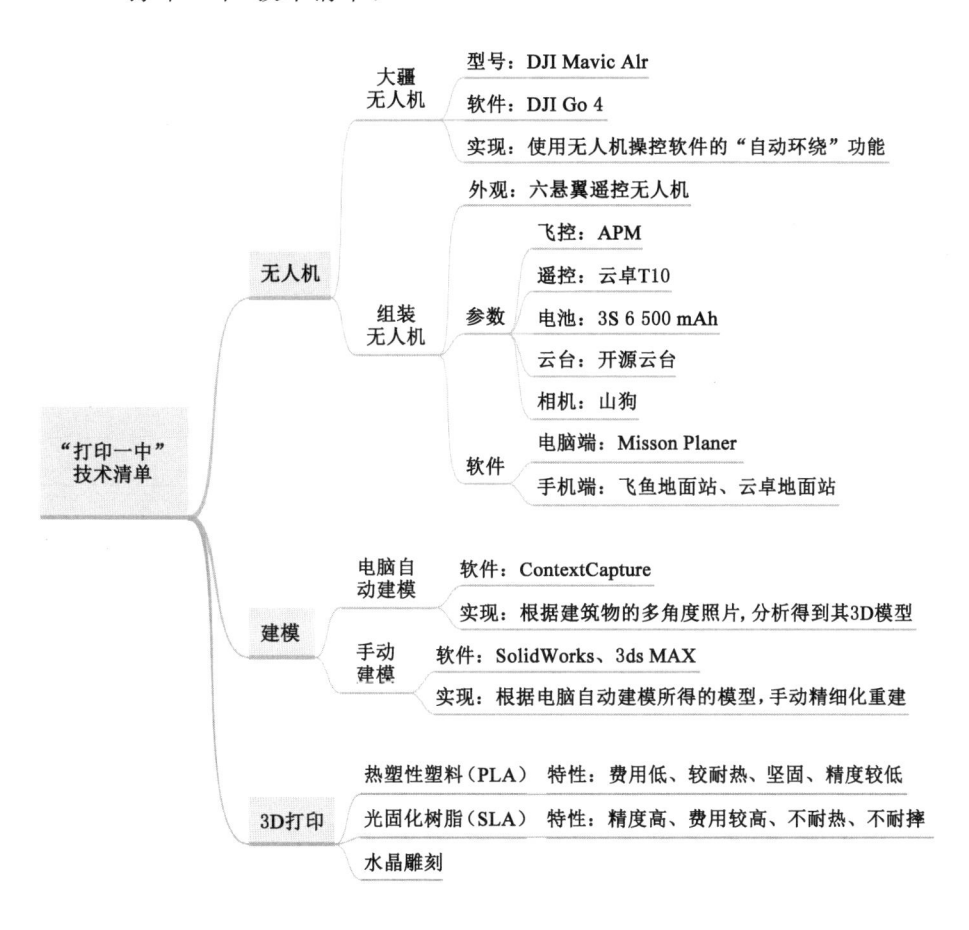

```
"打印一中"技术清单
├── 无人机
│   ├── 大疆无人机
│   │   ├── 型号：DJI Mavic Alr
│   │   ├── 软件：DJI Go 4
│   │   └── 实现：使用无人机操控软件的"自动环绕"功能
│   └── 组装无人机
│       ├── 外观：六悬翼遥控无人机
│       ├── 参数
│       │   ├── 飞控：APM
│       │   ├── 遥控：云卓T10
│       │   ├── 电池：3S 6 500 mAh
│       │   ├── 云台：开源云台
│       │   └── 相机：山狗
│       └── 软件
│           ├── 电脑端：Misson Planer
│           └── 手机端：飞鱼地面站、云卓地面站
├── 建模
│   ├── 电脑自动建模
│   │   ├── 软件：ContextCapture
│   │   └── 实现：根据建筑物的多角度照片，分析得到其3D模型
│   └── 手动建模
│       ├── 软件：SolidWorks、3ds MAX
│       └── 实现：根据电脑自动建模所得的模型，手动精细化重建
└── 3D打印
    ├── 热塑性塑料（PLA）　特性：费用低、较耐热、坚固、精度较低
    ├── 光固化树脂（SLA）　特性：精度高、费用较高、不耐热、不耐摔
    └── 水晶雕刻
```

"打印一中"技术清单

• 综合实践活动评价表：

综合实践活动自我评价表

主题：_____ 班级：_____ 姓名：_____

评价项目	评价内容	评价结果
参与态度	你是否参与选题？	
	活动中你完成了哪些任务？	
	你为小组提出了什么建议？	
	你对哪些小组活动很满意？	
合作精神	你最大的贡献是什么？	
	你帮助谁解决了什么问题？	
	你在什么时候最想得到别人的帮助？	
	哪件事是你听取别人意见后才做得更好的？	
能力发展	活动中你学到了什么新知识？	
	活动中你受到了什么启发？	
	你哪方面的能力得到了明显提升？	
	活动中你还有什么想法尚未实现？	
	活动结束后你还想接着做些什么？	

综合实践活动学生互评表

主题：_____ 班级：_____ 姓名：_____

评价内容	评价结果
你最喜欢跟谁合作？为什么？	
你最佩服谁？为什么？	
你最想向谁学习？	
你最想学习他的哪一方面？	
活动中谁给你提供了最大的帮助和支持？	
你觉得怎样可以让这个团队战斗力更强？	

综合实践活动总体评价表

主题：_____ 班级：_____ 姓名：_____

评价内容	自评	组评	教师评定	评价说明
创意策划				
组织活动				
积极参与				
收集信息				每一项满分为10分，评定分数并不说明优劣，只是引导学生关注活动体验，帮助学生更好地认识自己、发现自己的优势和不足
学习新知				
实践探索				
协调合作				
沟通表达				
资料整理				
任务完成				

课程12 城市特殊生境绿化技术探究与实践

一、活动背景

近年来,快速城市化带来经济发展、社会进步和住房改善的同时,也产生了严重的热岛效应和环境污染等城市问题。随着城市化进程的加快,城市规模不断扩大,但是大部分城市的人均公园绿地远低于西方发达城市的平均水平,高密度人口、高密度建筑分布导致可绿化空间不断压缩、自然生态空间不断萎缩、城市韧弹性不断下降。

特殊生境即物种赖以生存的特殊生态环境的简称,是指在结构和功能上具有明显的特殊性(或异质性),并导致生态单元的数量或品质明显不同的生态环境。我们聚焦城市绿化发展的核心问题,站在城市可持续发展的高度,从城市发展整体思考,认为必须下大力气解决不透水下垫面的生境重建问题,这是实现城市生态修复的必由之路,是构建海绵城市、恢复和提升城市韧弹性的重要途径。这项工作已超越绿化本身,不是一般意义上的种植花草树木,而是在为城市设计和更新探索的解决之道。

城市中大量的屋顶、建筑物立面、道路广场等特殊生境提供了巨大的潜在绿化机会,通过相关技术研发,采用工程化手段,实现硬质空间的软化和绿化,将环境的负效应转化为正效应,有利于韧弹性城市的构建。

二、活动目标

(一)价值体认

学生通过对徐州农业科学院、大型蔬菜育苗基地、现代农业研发中心的观摩学习,以及自身的探索实践,初步了解生物学、建筑学、工程学相关的职业,从而树立正确的学习观,形成更加明确的职业生涯观念,有利于基于未来人类生存环境建立人类命运共同体。同时,培养了学生珍惜环境、保护环境的意识。

(二)责任担当

通过实践过程,学生体会到自己的成长需要别人的帮助。同时,在同学们及师生间相互帮助协作中学习,逐步体会到团队协作、关爱他人的重要性。通过实践活动,学生体验到研究成果给别人带来福利的同时,又使自己收获满满的幸福感,从而激发主动学习的动力,提高服务他人、服务社会的能力。

(三)问题解决

学生普遍对该课题有一定兴趣和相应的解决问题的能力,鼓励学生通过主动探索和大胆尝试,提出并解决一些具有深度的问题,并运用科学的研究方法解决实际问题。培养学生综合运用生物学、工程学、建筑学等方面的知识,提高发现问题、分析问题、解决问题的能力。同时,基于研究不断进行,不断反思和总结研究方案,以研究报告或实物展示的形式展示研究成果。

(四)创意物化

学生通过真实有效的实践操作,在反复实践中培养自己的动手能力、反思能力及理论知识的物化能力。学生在实践中真实体验到实践的意义,通过实践成果展示自己的技能和能力,使自己所学的多学科知识融会贯通;通过对具体的阳台、平台、露台等特殊生境的绿化过程及成品,把自己的知识和能力展现出来。

三、活动准备

(一)环境

学校专门的无土栽培室内试验室、无土栽培材料仓库,也可以利用的学校的露台、平台、阳台、建筑立面、小广场等特殊生境,以及常规土地构建栽培基地。

（二）制作材料

（1）优质蔬菜、水果种子和栽培苗。

（2）草炭、珍珠岩、蛭石等适宜特殊生境的栽培基质，植物生长需要的水溶性矿质元素、植物生长调节剂等。

（3）用于营养液配制的离心搅拌器、分析天平等设备。

（4）用于制作栽培容器的各种PVC管、连接弯头、塑料槽、自吸式栽培容器、栽培工具等。

（5）用于制作绿植墙的支架系统、滴管系统、补光系统、种植系统等。

（三）网络技术

（1）基于物联网技术的网络语音影像实时交流平台。

（2）智能传感器。

（四）课程活动基地资源

徐州市农业科学研究院，徐州市铜山区现代农业示范基地，徐州市未成年人综合实践基地。

四、活动内容

（1）学习植物生理的相关知识，熟悉适合在阳台、平台、露台等种植的各种常见花卉、蔬菜、果树的种植技术，探索配套栽培基质的使用技术及相关施工技术。

（2）学习在城市特殊生境下，通过改善和重建，筛选适生的植物，并开发相关的配套技术等，拓展城市的绿化空间。开展绿色建筑适用植物及其群落的生态功能评价、植物抗逆性（耐旱、耐湿热和耐低温等）实验、介质原材料的筛选和介质配方的优化、一体化栽培技术、屋顶绿化技术、拼装式垂直绿化技术等方面的研究。尝试对涉及的空间、植物、介质和设施进行深刻的认识，研发成套的特殊生境绿化技术。

（3）从总体上认识和理解特殊生境绿化，从树冠和根系的平衡修剪、节水灌溉、精准营养补充、病虫害绿色防控技术等方面，学习和探索可持续维护技术，作为未来城市特殊生境绿化管理的导向。

(4)通过自评、互评等方式对作品进行评价、反思和改进,提高学生的交流合作能力和发现问题、解决问题的能力。

五、实施准备

(一)场地

生物理论培训及操作准备教室1间,特殊生境模拟实验室1间,设施农业基地100平方米左右。

(二)实验材料准备

各种植物栽培基质、自吸式栽培容器,种子的选择和准备,植物生长调节剂以及各种矿质元素等。

六、活动过程

(一)活动准备阶段(4课时)

1. 第1~2课时

(1)学生实践目标。

学生通过教师讲解和自行查阅资料,了解城市特殊生境绿化的意义,从而自觉产生探究城市特殊生境绿化技术的意愿,自行完成城市特殊生境绿化研究的早期探索规划。

(2)学生实践过程。

① 学生通过教师的讲解,了解城市特殊生境绿化的现状和发展前景,进而明确上课要求和学习目标任务。

② 学生结合自己的兴趣和特长,基于研究内容自行分组,可大致分为材料准备组、特殊生境处理组、水培蔬菜组、土培蔬菜组、无土栽培花卉组、养护组等。各组有所分工,但分工不分家,协力攻克研究课题。

③ 利用周末休息时间,实地调查周边农业发展情况,返校后结合实验室条件设计实际研究规划。

④ 完成小组分工表,确定所研究的具体植物品种,明确各自分工、研究内容、研究方法、研究步骤等。

(3) 教师指导要点。

指导学生明确城市特殊生境绿化的重要意义,让学生领悟快速城市化过程中资源、环境和安全问题是制约城市可持续发展的瓶颈,日益频繁的极端天气事件、洪水、干旱和环境污染等灾害使人类面临巨大的挑战,以激发学生对人类面临的重大问题展开思考和探究的愿望。提示学生绿色植物为生态系统中独特的生产者和唯一自净者,给学生解决问题提供思路,指导学生如何通过城市特殊生境的改造,筛选适生的植物、开展相关的技术研究等,从而拓展城市的绿化空间。

一定要带领学生现场参观现代农业设施,让学生从植物的育苗、栽培、养护中真实体验植物的生长过程。同时,通过无土栽培技术,让学生在尊重科学的基础上,能突破常规思路、创造式寻找解决问题的办法。

2. 第3~4课时

(1) 学生实践目标。

了解并学会蔬菜、花卉栽培的一般技术和常规理论知识,思考自己的研究实践方向。

(2) 学生实践过程。

① 各小组根据分工情况,在教师的帮助下学习科学研究的一般过程,熟悉基质器材使用、培养基质的制备、蔬菜苗的萌发、蔬菜养护的一般流程。

② 利用接下来的两周课余时间到实验室按照研究计划,进行探究前的各项操作技能实践。

③ 各组实行组长负责制,轮流到实验室操作。

④ 通过常见花卉及蔬菜的栽培过程,学习蔬菜、花卉栽培的一般技术和常规理论知识。分组进行,每组负责2～3种栽培作物。

(3) 教师指导要点。

① 教师应注意强调实验室的操作规范和安全教育,同时将每天的实验室安全卫生工作落实到人。

② 要求学生做好记录,包括栽培、浇水、施肥的时间记录及作物生长状况记录等。

(二) 活动实施阶段(10课时)

1. 第5～6课时

(1) 学生实践目标。

学生掌握了初步的研究方向和技能之后,确定城市特殊生境绿化的研究方向,学会科研资料的收集、整理和运用。

(2) 学生实践过程。

① 学生根据各自研究方向需要,收集资料、编写细化研究程序,各组分工进行。

② 学生在课堂上认真领会教师讲解的资料收集的方法,如:如何利用百度、知网、万方等网络资源搜索资料,如何分类汇总,以进一步完善研究过程和实践过程。

③ 各研究小组着手准备各自课题的必需原材料,可以申报给老师,由老师协助学生采购相关材料,为下一阶段的实践活动做好准备。

④ 各研究小组设计较为科学、详尽、可执行的研究实践方案。在写方案的过程中体验科学研究的过程,同时解决理论和实践相统一的若干问题,将理论通过实物和实际操作体现出来。

(3) 教师指导要点。

① 给学生提供适当的网络资源库,教会学生如何进行文献检索和资料整理。

② 把关学生研究思路的正确性和可行性,忌研究及实践的项目太大太难。

③ 帮助学生把关研究方向,使学生研究实践的项目尽量是他们感兴趣的并且是基于解决实际问题而开展的。

2. 第7~8课时

(1) 学生实践目标。

学生在实验室模拟特殊生境中开始种植蔬菜、花卉等绿色植物,尝试探索新的栽培技术。

(2) 学生实践过程。

① 结合校园环境,了解城市特殊生境的类型和特点。结合植物对温光水肥气的要求,对城市特殊生境进行再造及功能拓展。

在现代城市中,特殊生境占据很大比例,城市中人类居住密集,这里的特殊生境因为人的需求使其可利用空间潜力巨大。学生通过对屋顶平台、建筑立面、楼道阳台等特殊生境的改造,让这些地方成为增加校园绿色空间、改善生态校园的积极因素,为城市特殊生境绿化、增加植物景观丰富度、提高生物多样性、改善城市生态环境、实现节能减排提供借鉴。

② 结合校园实训基地讲解一般蔬菜、花卉栽培的温光水肥气的条件,栽

培注意点,以及病虫害防治措施。同时,进行常规蔬菜、花卉种植的实践操作。

③ 尝试部分蔬菜的无土栽培,并及时观察记录。无土栽培的成功能为各种特殊生境的植物栽培提供可能性。特殊生境之所以不利于植物的生长就是因为这些环境割裂了植物和土壤的关系,而无土栽培技术则给植物提供了类似土壤环境或者让植物适应新的特殊生境。上述工作需要学生在不断尝试中寻找理想方案并掌握栽培技术和技巧。这些工作较为烦琐,应在不影响学生其他学业的情况下尽可能让学生多进行实际参与。

④ 学生可以将较为成功的产品转移到教室、自家阳台等更接近真实运用环境的地方进行种植,为研究提供更加真实的数据。

(3) 教师指导要点。

① 为学生提前准备好相应的实践材料和实验场地。

② 早期操作时,要允许学生失误,并将准备材料做好备份,以利于学生及时整改、重新开始。

③ 提醒学生利用业余时间到大型商场、居民住房、目标客户等处了解客户的真实需求和实际场景,以利于产学研的统一。

3. 第9～10课时

(1) 学生实践目标。

深度实地考察相关科研院所,开阔眼界,找到研究的动力和方向。

(2) 学生实践过程。

到学校周边相关研究院所进行实地考察学习。以下为徐州经济技术开发区高级中学学生赴徐州市农业科学院参观学习活动方案。

① 活动时间:下午 16:25—18:30(具体日期根据情况调整)。

② 活动地点:徐州市农业科学院科技大楼。

③ 活动内容。

a. 师生通过访谈农科院科研专家,了解他们的工作常态,进一步深化对科研人员职业的崇高认识。

b. 生物无土栽培社团成员观察无土栽培实验室设备,了解野生甘薯等作物室内生长环境的营造。

④ 活动流程安排。

a. 出发:16:25,到达:16:50。

b. 参观甘薯种质资源基因库和无土栽培实验室。

c. 师生与科研专家面对面交流。

d. 参观结束,合影留念。

e. 返回学校,活动结束,约 18:30。

⑤ 活动成果:图片、通讯、研究性学习报告、小论文等。

(3) 教师工作及指导要点。

a. 联系好实训基地,与实训基地老师沟通好给学生讲解的内容和参观流程。

b. 提醒学生结合以前的研究和实践梳理自己的困惑,在科研院所或生产基地参观学习时进行深度思考,并针对自己的困惑积极寻求专家的指导和帮助。

c. 在有条件的情况下,让学生尽量多与研究院所和生产基地的老师进行交流。

4. 第11～14课时

(1) 学生实践目标。

学生总结前面的栽培经验加上对相关研究院所的考察,完善研究规划,初步形成城市特殊生境植物绿化的设计。

(2) 学生实践过程。

分为不同的生境栽培组,如阳台生境蔬菜组、阳台生境果实组、阳台生境花卉组、室外绿植墙组、室内绿植墙组等,进行各种特殊生境的实践操作。

为便于操作,上述环境均可以在学校找到。比如,在学校模拟阳台实验室栽培植物,不受时间和场地控制,随时可以进行,但在冬季需要空调控温,成本稍高。有暖气和南方的学校更便于实施。

在植物栽培过程中,一定严格按照小组行动,因为不同的植物栽培需要连贯性,且需要学生长期、定时、连续观察和记录。栽培过程中不仅要记录植物的长势,还应记录浇水、施肥、更换培养液的时间。每个栽培组要做多个平行组,以防个别实验失败而导致整个探究实验失败。整个实验操作要求严谨、有耐心、工作细致。

学生平时学业比较繁重,每个操作组在养护、记录过程中需要大量时间,要注意组内和组间的协作和分工。

学生将掌握的知识和技能进行拓展,结合生产生活创造更大的价值。诸如进行房顶花园绿化、建筑立面绿化、商场内部生态绿化等。

(3) 教师指导要点。

① 要求并督促学生严格按照实验室操作程序进行实验,严防出现安全事故。

② 此阶段是学生出成果的时期,也是学生实践活动的核心阶段,教师要提醒学生要做好植物的养护工作和详细记录。

③ 有些工作要不厌其烦地指导学生反复进行,及时记录数据和总结研究成果。

④ 提醒学生在实践操作的同时,注意相关理论的思考和创新。

(三)活动总结阶段(2课时)

1. 学生实践目标

学生通过前期探究、实践,形成结论报告和实际栽培成果。

2. 学生实践过程

(1)学生通过栽培的实物成果和撰写小论文、实验报告等方式完成探究实验的总结工作,产品可以以义卖的形式出售,让学生真切体验到研究成果带来的社会价值,激发学生继续研究下去的动力。

(2)以小组为单位,完成探究实验成果小论文,根据实物成果、上课过程中的参与度、团队合作协调度、研究成果是否有推广价值等给予学生相应的评价。

(3)通过完成活动评价表实现对学生的最终评价。

3. 教师指导要点

(1)注意学生研究思路的总结,以利于对相关研究项目的进一步展开。

(2)积极推进学生研究成果的市场化运作,让学生真实体验到科学研究的价值和魅力。

（3）注意将科研项目深化推进，指导学生将科研项目与自己的职业生涯规划相结合。

活动评价表

评价项目	评价内容	评价等级				自我评价：
		A	B	C	D	
活动表现	积极参加活动					
	主动提出活动建议					
	认真完成自己的任务					
	乐于帮助小组成员					
	明确小组分工					
	与小组成员合作愉快					
	善于协调组内工作					教师评价：
	对小组活动作出贡献					
知识运用和能力发展	对相关生物学知识的掌握程度					
	实践操作能力					
	学会收集、整理材料					
	学会展开实验探究					小组活动成果：
	具有探索精神					
	工作细致严谨、不投机取巧					
	植物养护情况					
	结题报告完成情况					
活动收获与体会						

课程 13　忆·寻·烹·悟
——学子与荠菜的邂逅

一、活动背景

本课程是自主研发的社会实践课程之一,属于探究型课程。课程围绕"忆、寻、烹、悟"这四个主题,将各学科知识与之相融合,实现各学科知识的融会贯通。课程在开展的过程中,渗透多种思维方式,促进学生核心素养的提升。

二、活动目标

(一)价值体认

(1)学生在了解野菜在抗日战争和解放战争时期的重要作用的基础上,激发对野菜的兴趣,熟识荠菜的外形及用途,培养珍惜来之不易的幸福生活的意识。

(2)学生经历寻、烹的劳动过程,在出力流汗的同时,体会劳动的快乐,感悟劳动最光荣的思想,树立正确的价值观,强化对党和国家的热爱,培养家国情怀。

(二)责任担当

(1)学生通过参与忆、寻、烹、悟的劳动过程,培养愿吃苦、爱吃苦及团结协作、积极思考的精神,理解并践行社会公德。

(2)学生通过参与实践活动,明确人生责任、定位人生目标、展现人生价值、提高服务社会的能力。

(三)问题解决

学生通过咨询老师、同学,相互讨论、相互指点,进一步增强合作精神,提高动手能力,加强解决问题的能力,形成自主体验、合作交流的学习方式,并能撰写比较规范的研究报告。

(四)创意物化

(1)学生能借助在活动过程中所学的技能,提高动手能力,增强创新能力、动手操作能力和物化能力。

(2)学生能把活动习得的技能运用到生活实践中,制作以多种野菜为原料的美食。

三、活动方式

本着学生是活动主体的宗旨,课程以体验式活动为主,让学生充分参与荠菜的寻找与采挖;对于菜品的制作,依托学生自身的优势,自主设计,开展多维度、多角度的小组合作方式,教师从旁适时指点,让学生在劳动中学习、在学习中体味生活、在体味中感受劳动的快乐,激发学生热爱劳动的热情,培养学生的核心素养。

四、学情分析

我校地处江苏徐州沛县北部,学生主要来自农村,因此我们面临这样一个戳心的事实——孩子的父母对孩子的品格发展、人生规划不能给予足够的关心和重视,只停留在提供生活所需及对孩子的溺爱上,导致很多学生携带手机进入校园,过多地接触网络游戏、进行视频聊天等,缺少参与社会活动的热情及学习文化知识的主动性,缺乏社会责任感,欠缺对劳动体验的感悟,动手能力极差。所以,要将教育与实践活动相结合,构建以自然生态为依托的文化氛围。

一次积极有益的探索,一次感官和味蕾的碰撞,对于孩子的发展有着积极的影响。让荠菜在阳光的呵护下茁壮成长,由芽苗到嘴边的过程可以让学生积累生活经验,体味劳动的快乐与光荣,感悟美好生活的来之不易。

荠菜,这一极为常见的野菜,不仅美味可口,而且富含荠菜酸、胡萝卜素、维生素 B1、维生素 B2 及蛋白质等营养成分,有助于增强机体免疫功能、降低血压、健胃消食等。此外,由于其顽强的生命力,我校操场长有很多野生荠菜,这也为我们活动实践的开展提供了便利的条件。

五、主题评价

(1) 针对学生在此项活动中多方面的感受和理解进行评价。学生能了解什么是实践活动,有兴趣参与活动,发自内心地尊重劳动成果。评价方式可以是教师随机鼓励、师生互评或生生互评。学生课后进行反思,写下感悟。

(2) 针对学生在此项活动中自主学习、团队协作能力的评价。学生能认真学习劳动技能、提高动手能力、培养团结协作能力。评价方式主要是学生自评、教师点评。

(3) 针对学生学科融合能力的一项评价。学生能在老师的引导下,理解活动过程中的操作要领,较好地掌握基本的探寻、采挖、烹饪的技能,并能回归课堂,促进学科融合。评价方式为学生自评、讨论交流、老师点评等。

(4) 评价学生的创造力和审美能力。学生能创造性地进行美食设计及制作。评价方式主要为学生互评,优秀作品评选、拍照等。

六、实施条件

(1) 校内操场。占地 450 平方米的校内篮球场除了植入草坪,还长出了足够学生研究和采摘的荠菜。

(2) 教师科研牵引。经过两年多的努力,我校教师在实践课程上有所感悟,亦有所得。教师闫莉萍申报的徐州市"十三五"规划课题"农村中学生厌学成因及可行性对策研究"顺利立项,现处于研究阶段;她还于 2021 年 5 月参加了徐州市实践优质课评选,并取得优异成绩。

(3) 地理优势和师资优势。我校地处农村,大部分学生来自农村,教师以中青年为主,具有社会活动的亲身经验。

（4）我校是省武术文化教育基地，武术老师在课题研究期间，积极组织学生开展社会实践活动，通过探究、服务、制作、体验等方式，对学生进行核心价值观教育。

七、活动过程

(一) 第一单元："忆"荠菜

1. 活动目标

（1）通过多组生动的图片，认识家乡的野菜，感受大自然的力量，激发对家乡的热爱。

（2）通过上网、查阅资料、访谈等方式，了解荠菜的习性及功效，培养自主学习的能力。

（3）通过小组合作、交流，培养团队协作精神。

（4）通过体验劳动中的苦、累并快乐的情感，树立责任担当意识。

（5）通过相互间的交流与合作，形成主动服务他人的意识。

（6）在自己感兴趣的领域开展广泛的实践探索。

2. 活动重点与难点

（1）重点：荠菜的习性及功效。

（2）难点：各类野菜的名字及特点。

3. 活动准备

（1）图片、展示牌等。

（2）学生分为6人一小组，进行组内及组间交流。

（3）通过视频，展示荠菜的外形。

4. 活动时间安排

教学时间：1.5小时。

5. 活动过程

（1）话题导入。

由一张老照片引发学生对荠菜的讨论，从而展开今天的话题——野菜。

学生观看视频材料，感知野菜、了解野菜，并借助一张张图片，通过各组抢答的方式说出野菜的名称,引出今天的主角——荠菜。

(2)看实物,谈看法。

由各组同学代表展示他们带来的野菜,讲述其生长环境及营养价值。在此环节中,学生通过讨论分析,表达自己对于野菜上桌的看法,丰富对野菜的认知。

提出问题:荠菜的食用价值和药用价值有哪些?

荠菜的食用价值与药用价值

	食用价值	药用价值
荠菜		

讨论分享：借助对荠菜的了解，分享看法。

（3）走进荠菜的世界。

带领学生快、静、齐地排好队，走入操场，寻找野菜。学生以组为单位，按照自己的认知去寻找荠菜，并在组内展示（从茎、叶、花等方面进行语言描述）。

（4）视频分享。

播放沛县解放战争时期，中国共产党在沛领导革命的视频，寻找野菜的身影。

（5）活动小结及评价。

活动小结：_____

项目评价表

评价项目	评价要点	得分(各项满分均为10分)
活动中成员的参与度	积极查阅资料,认真参与课堂讨论	
	努力完成自己承担的任务	
	乐于合作,能和同学交流,主动帮助他人	
活动中能力的培养	独立思考,主动发现问题、提出问题并寻找解决方法	
	积极实践,勇于创新,发挥特长	
活动中获得的体验	善于提问,乐于研究,勤于动手	
	不怕困难,勇于克服困难	
	善于合作,尊重他人意见	
成果展示	资料收集、整理完整	
	叙述表达完整	
综合评价		
我对自己的评价	☆☆☆☆☆	
同伴对我的评价	☆☆☆☆☆	
努力方向		

6. 活动反思及建议

(1) 本项活动组织精心,过程顺畅,每个环节都体现了以学生为主体、教师为主导参与活动教学的理念。

(2) 以小组形式开展活动,更好地培养了学生的团队合作精神和协作能力。

(3) 学生在操场参与活动时,细节处理有点马虎(野菜脱土、工具使用不当等),教师要着重加强安全教育。

(4) 遇到不积极参加活动的学生,教师可以带领他们去寻找、认识野菜,以调动他们的积极性,这样后面的活动才能更好地开展。

(二)第二单元:"寻"荠菜

1. 活动目标

(1)通过寻找荠菜,感受劳动的辛苦、生活的不易,培养家国情怀。

(2)通过访谈、查阅资料等,了解荠菜的食用方法,培养收集信息的能力。

(3)了解荠菜的外部特征及挖荠菜所需工具的使用方法。

(4)培养学生和他人合作劳动的能力,对其进行热爱劳动、热爱生活的思想教育。

2. 活动准备

(1)明确本次活动的任务,掌握常见蔬菜的基本管理方法,完成各自责任田的相关任务。

(2)以5~6人为一组,选好组长。

(3)分配田间管理的农具及其他劳动材料,如种子、化肥等。

3. 活动过程

(1)活动一:亲近荠菜。

教师带着学生走入操场,寻找荠菜的身影。

学生按照小组划分,分头行动,找荠菜、挖荠菜。

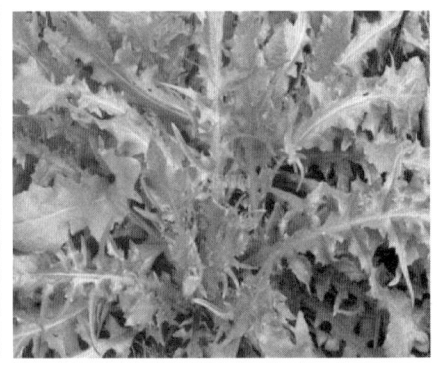

(2)活动二:展示成果。

学生以小组为单位,向大家展示所挖来的荠菜。

(3)活动三:劳动感想。

学生在组内展示挖荠菜的工具,交流挖荠菜的感想,体会劳动的快乐。

每组选出代表在班级内交流感想。

（4）活动四：分享荠菜的食用方法。

以小组为单位，分享各种荠菜的做法，展示相关图片。

4. 活动评价

"寻"荠菜学生活动评价表

评价项目	评价标准	评价等级			
		A	B	C	D
活动过程	方法得当，体现探究式学习方式				
	自主活动，主体性得到充分发挥，创造性得到表现				
	互助合作，交流与合作能力得到提高				

续表

评价项目	评价标准	评价等级			
		A	B	C	D
活动效果	自主思考、操作和解决问题,有真实的劳动体验				
	学会与他人合作交流,学会反思				
	劳动方法、方式多样				
	探究和创新意识得到提高				
评价意见与建议					

(三)第三单元:"烹"荠菜

1. 活动目的

(1) 回顾荠菜的特点,激发学生的探究欲望。

(2) 借助上节课的知识,让学生自制与荠菜相关的美食,培养其动手能力,激发其学习动力。

(3) 通过小组合作、交流,培养学生的团队意识,增强其集体荣誉感。

2. 活动准备

荠菜、酱油等食材,锅、碗等用具。

3. 活动过程

(1) 活动一:准备阶段。

① 挑选荠菜,摘掉黄叶,清洗干净。

② 准备所需的其他配菜和烹饪材料。

(2) 活动二:大展拳脚。

各组按照自己准备好的食材,找到灶具的位置,分配组内成员完成各自的任务。

注意:油温、佐料等的控制及摆盘技巧。

(3) 活动三：品尝美食。

各组同学把做好的美食放在一起，全班同学品尝，从色、香、味等方面给予评价。

4. 活动评价

(1) 过程性评价。

"烹"荠菜过程性评价表

评价项目	评价要点	得分(各项满分均为10分)
参与度	态度认真	
	努力完成自己承担的任务	
能力培养	独立思考,主动发现问题并寻找解决方法	
	积极实践,勇于创新,发挥特长	
体验	实事求是,责任心强	
	不怕困难,勇于克服困难	
	善于合作,尊重他人的意见	

(2)结果性评价。

"烹"荠菜结果性评价表

小组	创新性 (5分)	菜品色泽 (5分)	菜品美观度 (5分)	菜品味道 (5分)	菜品完整性 (10分)
第一组					
第二组					
……					

经过两轮评价,最终评出厨王、最佳合作奖、最佳创意奖、最佳卖相奖等奖项。

(四)第四单元:"悟"荠菜

1. 活动目标

(1)通过分享、展示、讨论等一系列活动,使学生了解荠菜的特点及特色,懂得一分耕耘一分收获的含义。

(2)调动学生的积极性,分享此次综合实践课带来的启示及反思。

2．活动过程

（1）内容导入。

荠菜在特殊的历史时期起到了什么样的作用？

学生回答，小组长总结。教师展示野菜图片，向学生介绍各历史时期野菜在中国人民食谱中的地位，播放学生前期挖荠菜、做荠菜美食的视频，激发学生进一步探究的欲望。

（2）交流展示。

① 教师布置此次活动任务——"悟"荠菜，并讲解活动规则和注意事项。

② 学生以小组为单位，领取活动记录表，积极参与讨论，整合观点，撰写讨论结果。

③ 每组选出发言人，上台展示研讨成果。

根据任务完成情况，完成自评、组评、师评。

3．活动总结及评价

（1）展示活动结束后，各小组围绕参与活动的感受、在讨论中学到了什么、该怎么去改进不足、以后如何将实践生活与课堂学习相结合等方面进行交流和反思，教师总结。

（2）各小组汇报交流，撰写研究报告。

（3）教师给予各组客观的评价和引导，总结课程活动，升华主题。

"悟"荠菜个人活动感悟记录表

参与活动的总体感受	
在此次活动中的新发现	
活动中的不足及改进方法	
如何将实践活动与课堂学习相结合	

八、拓展延伸

教师引导学生深度思考对此次活动的感受,列举农民、家人、解放军等为我们的美好生活作出的贡献,使学生感悟出应该尊重劳动人民的辛苦与成果,热爱伟大祖国,为实现伟大中国梦而加倍努力。

课程 14 穿越时间的永恒
——领略银杏的传奇

一、活动背景

学生们在看到新闻《六百年腾冲银杏村:"一棵树"燃爆一座城的"金色梦想"》后,对银杏产生了浓厚的兴趣。沛县湖西中学的校园内也种植了大量的银杏树,但是几乎没人欣赏。为了更好地了解银杏、不辜负大自然的回馈,学生们计划在学校里开展一个小小银杏园项目研究。

二、活动目标

(一)价值体认

(1)通过查阅、讨论、实践、分享等一系列活动,走进大自然,认识银杏树,了解银杏树的历史发展过程和用途,以此激发热爱大自然的情怀。

(2)通过观看视频、积极参加班团活动,发现银杏树有着 3 亿多年的生存历史,是植物界的"活化石",初步体悟保护生物多样性、尊崇自然、绿色发展及人与自然和谐相处的重要性,强化"绿水青山就是金山银山"的认识和情感。

(3)通过对银杏园布局的设计研讨活动,提升自己对美的认识,体验设计的成就感。

(二)责任担当

(1)通过自主学习、头脑风暴、合作学习、实地考察等活动,了解银杏的形态特征和生长环境。

(2)通过对银杏园项目的设计,增强热爱学校、保护环境的责任意识,提高社会责任感。

(3) 在小组合作学习和探究中,增强责任意识与团队观念,形成共同协作的学习习惯。

(三) 问题解决

(1) 学生通过参与团队设计和制作,提高参与意识、团队合作能力、动手操作能力等;在活动过程中,融会贯通各学科知识和技巧,提高技术操作水平、知识迁移水平,体验工匠精神。

(2) 学生通过前期调查、实践探索、同伴间的交流合作,发现并解决银杏园项目中遇到的问题。

(3) 学生能够综合运用各学科知识分析问题,用科学的方法开展艺术创作、美食制作、美化银杏园等活动,增强解决问题的能力;能及时对制作过程及作品进行审视、反思并优化调整,做出基于事实的、具有说服力的解释,形成比较规范的设计报告和作品。

(4) 教师在课程中以传承和发扬"绿水青山就是金山银山"的理念为主线;学生在动手、动脑的过程中提高自身的综合素质,培养发散思维。

(四) 创意物化

(1) 学生能够运用所学技能,通过创作,提升观察能力、动手能力,发展创造性思维,提高创造能力。

(2) 学生从真实生活和发展需要出发,在生活情境中发现问题、自选主题,带着浓厚的兴趣参加活动,提高审美能力和动手操作能力。

(3) 学生通过积极参与实践活动,熟练掌握银杏树的形态特征和药用价值等,并能综合运用相关原理制作美味菜肴和书签等,增强创意设计、动手操作、技术应用及综合解决问题的能力。

(4) 学生经过相互交流,根据专家和同伴的建议,完善并形成有创意的银杏园布局设计。

三、学习内容

围绕"穿越时间的永恒——领略银杏的传奇"这一主题,坚持蒙以养正、果行育德,推行具有沛县本地特色并使社会、自然、自我之间建立内在联系的课程体系。

四、活动方式

通过实地考察、资料查询、讨论交流、动手实践四个维度,把传统美食、文创制作、银杏园项目的设计融入课程中。降低体验难度,以提升学生的体验感和自信心为目的,创设学生兴趣与发展需要的特色综合实践活动课程,打造多元化课外实践基地,提升学生的综合素质与能力。

五、课程安排及目标

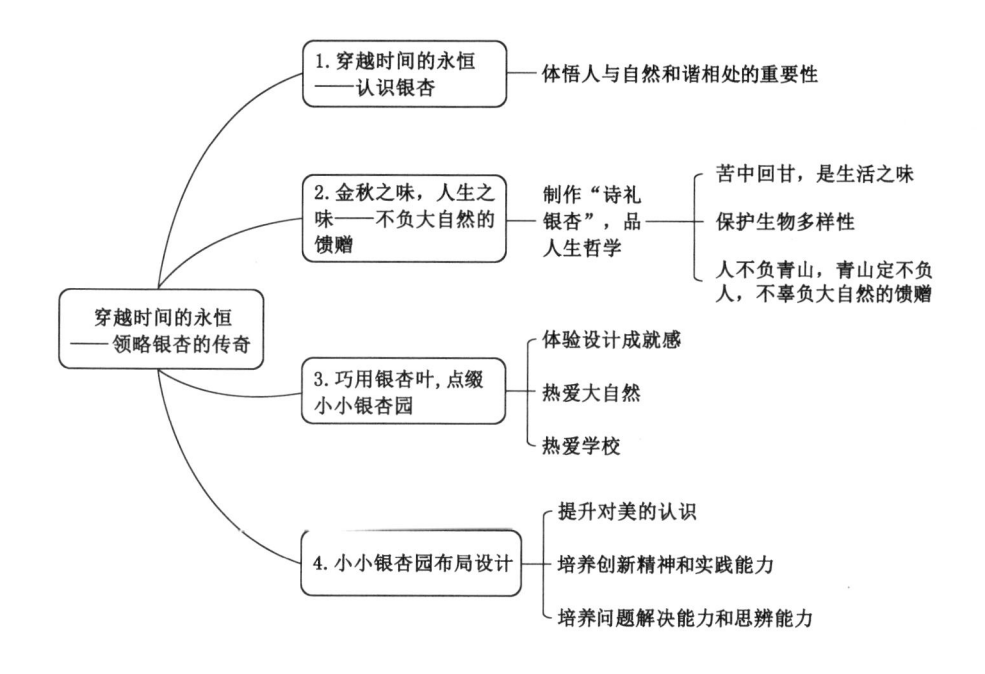

```
穿越时间的永恒
——领略银杏的传奇
├── 1.穿越时间的永恒——认识银杏 ── 体悟人与自然和谐相处的重要性
│
├── 2.金秋之味,人生之味——不负大自然的馈赠 ── 制作"诗礼银杏",品人生哲学
│        ├── 苦中回甘,是生活之味
│        ├── 保护生物多样性
│        └── 人不负青山,青山定不负人,不辜负大自然的馈赠
│
├── 3.巧用银杏叶,点缀小小银杏园
│        ├── 体验设计成就感
│        ├── 热爱大自然
│        └── 热爱学校
│
└── 4.小小银杏园布局设计
         ├── 提升对美的认识
         ├── 培养创新精神和实践能力
         └── 培养问题解决能力和思辨能力
```

课程安排及目标

六、实施条件

(1) 校园内已建好综合实践活动基地,每场活动均有专门教室,设备

齐全。

(2) 校园内有大量的银杏树,便于学生观察、设计。

七、活动过程

(一) 第一单元:穿越时间的永恒——认识银杏

1. 活动过程

主持人(学生):课前我们查询了资料,对银杏有了初步了解,为了更好地探寻银杏的奥秘,我们在校园内一起寻找银杏的身影吧!

(1) 活动一:寻找银杏的身影。

全班学生分成六个小组,根据前期查询的资料分头去寻找银杏。仔细观察银杏叶的形状、颜色、大小,以及银杏树的生长环境。

(2) 活动二:小组讨论,交流分享。

主持人(学生):同学们,你们找到真正的银杏树了吗?银杏果有什么特征、用途和传奇故事吗?

① 学生分享实地考察的具体情况,如照片、实物等。

② 学生分小组讨论问题。

(3) 活动三:小组汇报,展示成果。

每组汇报并展示成果,层次分明、语言简洁明了。

成果汇报及展示

银杏	形态特征	生长环境	主要价值	传奇故事	……

(4) 活动四:穿越时空,了解银杏。

① 观看视频,了解银杏的发展史。

② 学生交流分享,谈感受。

③ 教师点评,共同总结。

2. 活动评价与反思

结合评价量表开展自评、组评、师评。

活动评价与反思

评价项目	完成情况	自评	组评	师评
工作能力	能针对研究主题收集关于银杏的资料,能对信息进行有条理的整理归类			
	能大方得体地与人沟通,熟练采用数据、图片、文字等形式翔实记录研究过程			
	能把自己的想法直观地表达出来			
合作协调能力	勇于承担任务,能有效协调组员间的关系			
	能与同伴分工合作,积极参与讨论			
自我反思能力	能看到自身的优点,对自己充满信心			
	能看到自身的不足,积极寻求改进的方法			
	能总结分析在研究过程中的得失			

(二) 第二单元:金秋之味,人生之味——不负大自然的馈赠

1. 活动准备

猪油、白糖、蜂蜜、陈皮、锅具等。

2. 活动过程

主持人(学生):"诗礼银杏"是孔府宴中特有的传统菜,银杏果是其主要

食材之一。校园里掉落了大量的银杏果,让我们不负小小银杏园的馈赠,一起制作"诗礼银杏"吧!

(1) 活动一:捡拾银杏果,共同讨论制作方案。

① 学生在校园内捡拾银杏果。

② 分小组研讨设计方案。

(2) 活动二:观看视频,了解"诗礼银杏"的制作方法。

简单的一幅秋景正好搭配早秋上市的银杏果

(3) 活动三:不负馈赠——分组制作"诗礼银杏"。

① 清洗银杏果。

② 剥开银杏果,取出银杏果仁。

③ 将银杏果仁入锅煮熟取出。

④ 锅中放入猪油,烧到 5 成熟时,加清水、白糖、蜂蜜、陈皮煮开。

⑤ 将银杏果仁倒入锅中,煮至汁浓,调入糖桂花即可。

(4) 活动四:品尝"诗礼银杏",分享经验。

① 学生互相分享美食。

② 以小组为单位,分享制作经验。

(5) 活动五:品金秋之味,悟人生之味。

主持人(学生):刚才大家都已经制作、品尝了国宝级菜肴"诗礼银杏",大家可以体会到其中的人生道理吗?

① 观看视频,重温历史典故。

② 再次品尝"诗礼银杏",分小组讨论,感悟银杏的哲学。

③ 小组汇报,悟人生之味。

④ 教师点评,师生共同总结。

小组总结人生感悟

组别	人生感悟
一组	热爱生活，发现生活中的美
二组	苦中带甘，是真正的生活之味
三组	绿水青山就是金山银山，不辜负大自然的馈赠
四组	保护生物多样性的重要性——活了3亿多年的植物

3. 活动评价

结合评价量表开展自评、组评、师评，总结收获。

活动评价表

评价内容	自评 ☆☆☆☆☆	组评 ☆☆☆☆☆	师评 ☆☆☆☆☆	评价说明
积极参加小组活动				每一项最高为5颗星，优秀：获得48颗星及以上；良好：获得36~47颗星；及格：获得24~35颗星；不及格：获得23颗星及以下
通过合作交流共同完成设计				
敢于对他人的作品提出质疑				
小组汇报，悟出人生之味				

活动小结：

(三) 第三单元:巧用银杏叶,点缀小小银杏园

1. 活动准备

彩笔、卡纸、剪刀、胶带等。

2. 活动过程

(1) 活动一:捡拾银杏叶,共同研讨美化方案。

① 学生在校园内捡拾银杏叶。

② 分小组共同研讨本组设计方案。

(2) 活动二:巧用银杏叶,制作文创作品。

① 使用银杏叶,分小组制作文创作品。

② 作品要积极向上,能够起到美化银杏园的作用。

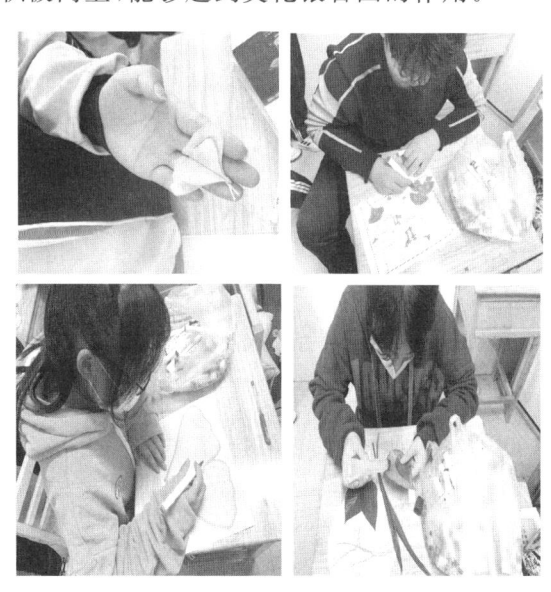

(3) 活动三:展示作品,相互点评。

主持人(学生):同学们,各组已经制作了文创产品,现在开始分小组展示、点评、完善作品吧!

① 各小组展示作品。

② 展示作品时要充分描述作品的设计意图。

③ 各组展示完成后,互相点评,完善作品。

(4) 活动四:点缀小小银杏园。

主持人(学生):同学们,我们已经完善了本组的作品,现在大家行动起来,一起点缀我们的小小银杏园吧!

师生一起利用已完成的作品,美化小小银杏园。

(5) 活动五:教师点评,师生共同总结。

主持人(学生)宣布质疑环节结束,邀请教师对学生的设计进行点评。

教师应对学生的设计作品进行鼓励,并提出如何增加创意的建议,如可将作品与 AR 互动、3D 投影相结合,打造一个情景化的展览空间;可提高原材料的质量,以使作品可以保存更长时间等。

3. 活动评价与反思

(1) 学生结合评价量表开展自评、组评。

① 过程性评价。

活动过程性评价表

评价项目	评价要点	得分(各项满分均为10分)
参与度	态度认真	
	努力完成自己承担的任务	
能力培养	独立思考,主动发现问题并寻找解决方法	
	积极实践,勇于创新,发挥特长	
体验	实事求是,责任心强	
	不怕困难,勇于克服困难	
	善于合作,尊重他人的意见	

② 结果性评价。

活动结果性评价表

小组	制作能力(5分)	美观性(5分)	创新性(10分)	作品完整性(10分)
第一组				
第二组				
……				

（2）学生谈一谈收获、感受,对本节课进行总结。

（四）第四单元:小小银杏园布局设计

1. 活动准备

（1）教师准备。

① 考察邳州银杏时光隧道,收集相关资料。

② 邀请邳州华园银杏苗木基地的专家参加设计研讨活动。

（2）学生准备。

① 通过问卷调查,了解其他学生对银杏园布局的想法。

② 对银杏园的布局进行初步设计。

2. 活动过程

（1）活动一:考察邳州银杏时光隧道。

学生到邳州银杏时光隧道进行实地考察,和专家进行互动交流。

银杏园园长(学生)播放视频,回顾各组的考察情况、问卷调查情况和资料收集情况。

(2)活动二:小组汇报,介绍设计。

银杏园园长(学生):请各组根据研学过程中所收集的银杏园的相关资料,对学校银杏园的布局进行初步设计,让它变得更多样化、更有趣、更有教育意义。

① 银杏园园长(学生)对各组前期设计的完成情况表示赞赏,同时提出本次汇报活动的要求。

a. 每组汇报时应充分展示设计方案。

b. 展示的银杏园的布局设计要层次分明,有一定的创意。

c. 各组要对自己的设计意图进行详细说明。

② 各组进行汇报、展示设计草图,其他组认真聆听并记录设计的优缺点。

小组汇报设计情况

组别	设计范围	内容、形式
一组	银杏发展史	以时间为主线,介绍活化石、文化墙等相关内容
二组	美食制作区	用银杏果制作各种美食
三组	文创展览区	用银杏叶、银杏果、银杏木制作文创作品
四组	宣传教育区	双语介绍,倡导大家树立保护环境和生物多样性的意识

(3) 活动三:组间质疑,研讨问题。

① 银杏园园长(学生)提出下列问题,开展小组讨论。

a. 是否完成了设计?

b. 设计是否能够在银杏园中实现?理由是什么?

c. 设计是如何体现创意的?

② 学生开展小组讨论,教师巡视指导。

各组针对问题开展讨论,进一步分析其他组设计的优点和不足,反思本组问题。

③ 各组采用"头脑风暴"的方式开展组间质疑,被质疑的小组进行问题解答。

(4) 活动四:专家点评,介绍经验。

① 银杏园园长(学生)宣布质疑环节结束,邀请邳州华园银杏苗木基地的专家对学生的设计进行点评。

② 专家对学生的设计进行鼓励,并从自身的专业角度提出建议。

(5) 活动五:增加创意,完善设计。

① 银杏园园长(学生)对专家的点评表示感谢。

② 银杏园园长(学生)要求学生根据专家的点评,以及同伴间的互评,对银杏园的布局设计进一步优化完善,思考如何让自己的设计更有创意。

③ 各小组展开研讨。

教师巡视了解学生的设计改进方案,对有需要的小组开展针对性指导。可建议运用 AR 互动、3D 投影、多媒体场景、微缩景观、视频动漫等多种手段,打造一个情景化、剧场化、沉浸化的展览空间,使大家加深对银杏发展史的了解、增强保护大自然的意识、激发热爱大自然的情怀。

④ 银杏园园长(学生)组织各组展示优化后的成果,请部分小组代表介绍优化成果。

⑤ 教师对学生的改进情况进行点评,鼓励继续完善设计。

3. 活动评价与反思

(1) 结合评价量表开展自评、组评、师评。

活动评价表

评价要点	自评	组评	师评	评价等级说明
认真倾听,善于合作				优秀:总得星数为48颗及以上; 良好:总得星数为36～47颗; 及格:总得星数为24～35颗; 不及格:总得星数为23颗及以下
对银杏园布局设计提出建设性意见				
布局设计吸引人,可以达到宣传效果				
设计有创意				
合计	总得星数:(　　)		评价等级:(　　)	

我的收获:

(2) 学生谈一谈本节课的收获、感受,对本节课进行总结。

(3) 银杏园园长(学生)展示结束语:"小小银杏园,拜托大家了!"

(4) 教师对本节课学生的表现予以充分肯定,并谈谈自己的感受。

课程 15　我的"一亩三分地"

一、课程目标

（一）价值体认

学生通过对现代农业示范园自选的"一亩三分地"进行耕作、种植、管理和采收等活动,感受和体验劳动的意义、自我成就的价值,培养尊重劳动成果、热爱劳动的良好品质。

（二）责任担当

学生逐步增强责任意识与团队观念,形成共同协作的良好习惯;感受家乡的现代农业成就,意识到个人对国家农业建设的责任。

（三）问题解决

学生综合运用各学科知识去分析问题,积极用科学的方法解决种植等过程中遇到的各种实际问题。

（四）创意物化

学生能及时对实践活动过程进行审视、反思并优化调整,达到理想的种植效果,让"一亩三分地"获得丰收,形成规范的劳动实践活动成果报告。

二、育人价值

学生在课程学习中,感受家乡现代农业取得的成绩,积极参与劳动操作实践,熟练掌握农具的使用方法、农业机械的操作技能和水肥一体化装置的原理,了解物理病虫害防治的意义,综合运用示范园的资源、装备、材料,在专业教师指导下实施自己的种植方案。本课程的开展,有利于学生了解党中央脱贫工作和乡村振兴工作的意义、关心国家发展建设、热爱家乡;有利于学生尊重劳动、热爱劳动意识的培养；有利于增强学生创意设计、动手操作、技术应用、综合解决问题的能力。

三、内容结构

本课程包含我的种植方案、水肥一体化系统我来做、"一亩三分地"上的汗水——耕种、我是农技师、丰收等五个活动单元。

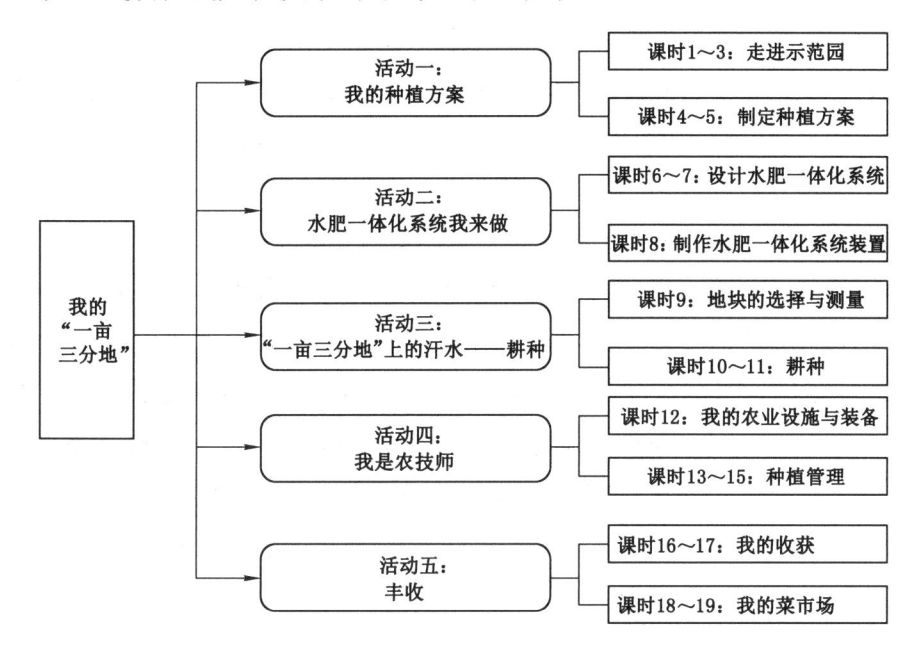

```
                 ┌─ 活动一：        ┌─ 课时1~3：走进示范园
                 │  我的种植方案    └─ 课时4~5：制定种植方案
                 │
                 ├─ 活动二：        ┌─ 课时6~7：设计水肥一体化系统
                 │  水肥一体化系统  └─ 课时8：制作水肥一体化系统装置
    我的         │  我来做
   "一亩 ────────┤
   三分地"       ├─ 活动三：        ┌─ 课时9：地块的选择与测量
                 │  "一亩三分地"    └─ 课时10~11：耕种
                 │  上的汗水——耕种
                 │
                 ├─ 活动四：        ┌─ 课时12：我的农业设施与装备
                 │  我是农技师      └─ 课时13~15：种植管理
                 │
                 └─ 活动五：        ┌─ 课时16~17：我的收获
                    丰收            └─ 课时18~19：我的菜市场
```

课程总体安排

四、开发策略

（一）利用基地特色，强化深度学习，激发对现代农业的学习兴趣

学生通过参观现代农业示范园区，了解现代农业种植，感受现代农业种植技术的魅力，从而对现代农业产生浓厚兴趣、希望深度学习。

学生在学习过程中，围绕有趣、有意义的具体项目开展学习，为完成项目不断学习研究、劳动实践，不仅能够内化各种知识技能，激发对基地现代农业课程的学习兴趣,而且可以提高终身学习的能力、增加学习兴趣、培养家国情怀。

(二)按需定制,提供"菜单式"劳动实践活动课程

教师进行以科技农业种植为主的实践课程教学,并在具体教学内容上以菜单自选形式进行。例如:在教师的指导下,学生自选菜地、自选种植品类、自主设计活动方案并主动参与种植、管理、采收等各项活动,充分发挥主观能动性,体验自主学习和劳动的乐趣与意义。基地与学校共同探讨制作机械模型、农业小发明及宣传销售等其他相关的与学科融合的实践活动课程,把学科知识融合到实践活动中,让学生体验学以致用、理论与实践相结合的学习乐趣和价值。

(三)建立基地课程评价体系,鼓励不断向上提升

充分发挥评价在学习中的作用。教师在基地课程的实施过程中,对学生要以多鼓励、重反思为主,在其学习初始即提供学习自主评价表,把目标置于评价中,引导其学习方向;注重过程评价,注重学生劳动成果的展示,注重促进学生创新品质的形成和创新能力的发展;关注学生的感情和态度评估,关注个体差异,关注自我和小组的互助反思。学生不仅能增强自尊、自信和自豪感,还能提升劳动精神面貌、劳动价值取向和劳动技能水平,从而更加热爱基地课程。

五、活动实施

(一)活动准备

(1)提前查阅资料,做好相关知识储备。

(2)了解现代农业产业示范园的组成部分,收集现代农业产业示范园的图片和视频等。

(3)了解劳动生产种植常用的农业机械和工具,如旋耕机、锄头、叉子、镰刀等;了解种植的设施和装备,如水肥一体化系统、杀虫灯、喷雾器等。

(4)了解蔬菜的品种、生长特点、种植方式、种植管理等。

(5)了解种植各环节,如耕种、管理、收获等需要注意的问题。

(6) 了解农产品销售流程,制定自己的农产品销售方案等。

(二) 课时建议

19课时。

(三) 活动过程

1. 第一单元:我的种植方案

(1) 第1~3课时:走进示范园。

① 分组讨论,制定现代农业产业示范园实地参观学习的考察方案,查询现代农业产业中有关设施农业的知识,根据考察方案表,完成实地考察方案。

② 根据考察方案,以小组为单位实地参观现代农业产业示范园,如现代农业科技馆(玻璃温室)、农文融合馆(连栋温室)、户外种植区、育苗中心(装配式温室)、三新示范基地(日光温室)、加工包装存储中心等,了解现代农业中设施农业的概念和知识,留心观察,做好参观记录。

③ 以小组为单位撰写实地考察报告。

现代农业产业示范园考察方案表

参观时间		参观地点	
分工安排	组长: 记录员: 摄影师:		
成果呈现方式			
要了解的问题			
参观记录			
疑问及解答			

(2) 第4~5课时:制定种植方案。

① 回顾、梳理前期知识。

a. 现代农业中设施农业的概念,传统农业和现代农业的不同。

b. 我了解的作物的品种、种植知识,农业机械和农具的名称等。

c. 作物种植的阶段,以及每个阶段的组成环节。

d. 教师指导后期选种作物时所需的重点知识及注意事项。

② 讨论设计种植方案。

a. 教师指导。

- 制定种植方案的活动步骤时,需考虑种植过程的组成环节,地块的选择(位置、面积、水源等),种植机械和农具的选择,种植品种的选择,种植装置和设备(简易水肥一体化装置和滴灌系统等),种植生产管理(浇水、施肥、病虫害防治等),以及采收等问题。

- 要根据24节气(温度、湿度、光照情况等),考虑满足种植所需要的土地、水源等生产条件;要了解常见的蔬菜品种及其特征。

- 要了解简易水肥一体化装置及滴灌系统;考虑后期加入物联网预警控制系统,以实现作物生长环境的实时监测,并根据物联网监测传感器采集的数据实现智能控制施肥和浇水。

- 要了解作物的生长特点和病虫害防治等知识,讨论病虫害防治的方法和装置,特别要了解作物管理中的绿色防控方法,如篮板、黄板、杀虫灯等。

b. 学生讨论。

小组内讨论交流,结合实地考察报告,根据老师的指导,尽可能全面预设"我的一亩三分地"劳动实践活动中出现的问题,填写种植方案。

种植方案

"一亩三分地"的名称	
组长	
组员	
种植方向或内容	
选择理由	
活动步骤或种植活动过程流程图	
预计问题或困难	
应对困难的办法	

③ 交流展示。

a. 各组代表汇报本组方案。

b. 组间交流,讨论各组方案的可行性。

c. 教师点评学生方案,指出学生未能发现的问题并提出相应建议。

④ 总结评价。

a. 通过评价表进行自评、组评、师评。

b. 教师根据总体表现对学生小组活动进行点评,鼓励学生开展下一步学习活动。

活动评价表

评价内容	自评 ☆☆☆☆☆	组评 ☆☆☆☆☆	师评 ☆☆☆☆☆
积极参加方案研讨,提出合理建议			
交流时能认真倾听,指出问题			
基本了解农作物的生长过程			
对制定种植方案态度认真			
方案具有可行性			

我的收获:

2. 第二单元:水肥一体化系统我来做

(1) 第6～7课时:设计水肥一体化系统。

① 教师指导。

a. 介绍水肥一体化系统结构图,认识了解简易水肥一体化装置和滴灌系统的构成。

b. 介绍并指导 VISO 软件的使用。

② 学生讨论设计。

a. 提前查阅资料,做好相关知识储备。

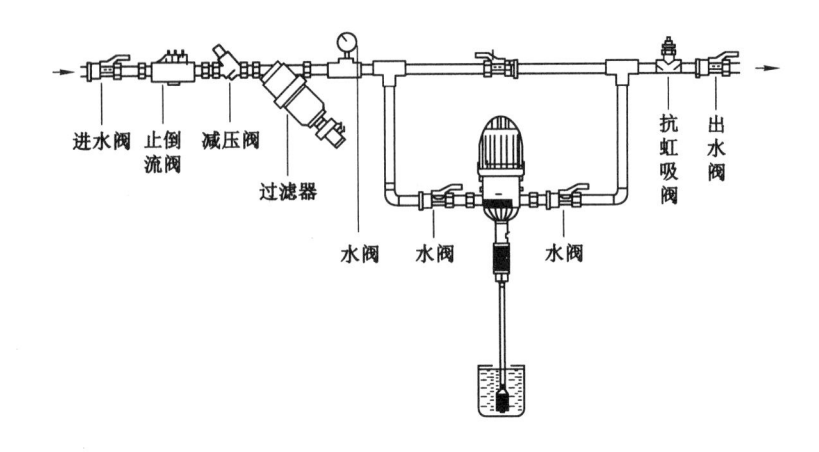

简易水肥一体化装置

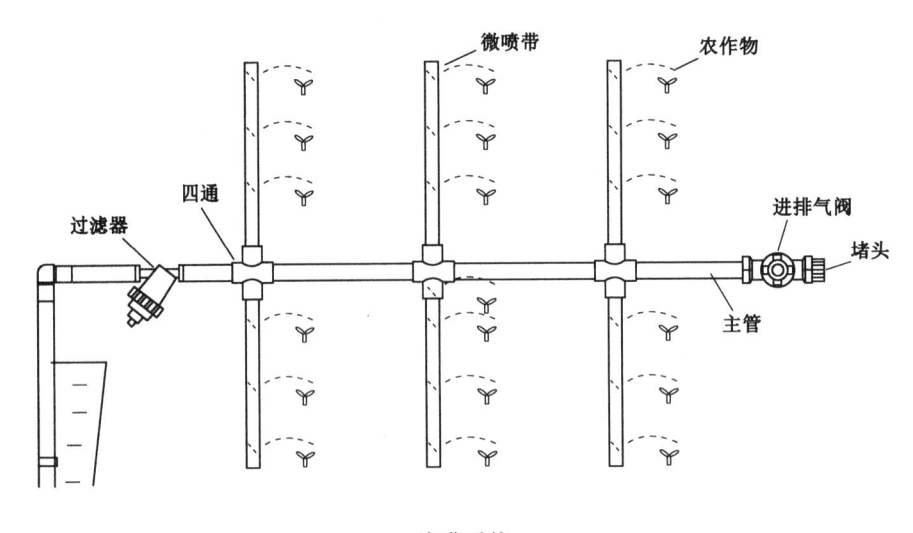

滴灌系统

b. 认识水肥一体化装置和滴灌系统,了解其在现代农业中的作用和意义。

c. 了解简易水肥一体化系统的组成结构、原理、设计注意事项及使用方法等,了解滴灌系统的组成和设计注意事项等。

d. 使用绘图软件设计与绘制水肥一体化装置和滴灌系统的结构图。

③ 活动评价与总结。

a. 学生分别展示自己的作品,分享制作感受和经验,并进行自评、组评、师评。

b. 推选优秀作品,评选优秀学员。依据作品的设计是否新颖、美观,与同伴合作能力如何,以及对绘图软件的使用等方面进行评价。

c. 教师对学生作品的完成情况进行总结,对活动中存在的问题进行点评,引导学生将收获、感悟迁移到学习中去。

(2) 第8课时:制作水肥一体化系统装置。

① 活动准备。

a. 准备制作材料和工具。

b. 准备场地,小组内进行分工。

c. 预设容易出现的问题和解决策略。

② 制作过程。

a. 小组合作探究哪种水肥一体化装置效果更好,并根据各自方案制作装置。

b. 小组合作探究如何通过阀门和水管口径及旁路设计进行水流和水压的控制,让比例施肥器更好地施肥。小组各自选择不同的方案来制作装置。

c. 小组合作探究如何设计滴灌系统,让滴灌管网施肥更合理。根据地块的大小和种植作物的行距,选择不同的管路走向,让管路中的水压分布更合理,让肥料能够快速均匀地送达植物。

d. 在制作过程中注意观察,做好记录。

③ 总结、评价与反思。

根据小组中每个成员的参与程度、合作情况、创新意识、学习态度、探究水平等,填写评价表,进行自评、组评、师评。

活动评价表

评价内容	自评 ☆☆☆☆☆	组评 ☆☆☆☆☆	师评 ☆☆☆☆☆
活动中参与讨论了吗?			
动手做实验了吗?			

续表

评价内容	自评 ☆☆☆☆☆	组评 ☆☆☆☆☆	师评 ☆☆☆☆☆
帮助同组的同学了吗?			
仔细观察、发现和提出问题了吗?			
遇到问题时,提出解决方案了吗?			

我的收获:

3. 第三单元:"一亩三分地"上的汗水——耕种

(1) 第9课时:地块的选择与测量。

① 活动准备。

a. 准备好工具和材料。

b. 确定组员分工,做好记录。

② 活动内容。

a. 分组讨论,根据本组制定的种植方案,选择适合自己方案的地块。

b. 以小组为单位,对选种的地块进行初步种植设计和测量,做好记录。

c. 以小组为单位,完成地块测量报告。

(2) 第10～11课时:耕种。

① 活动准备。

a. 查阅资料,做好相关知识储备。

b. 准备好种子、种苗、机具等。

c. 准备好劳动防护用品和劳动安全预案等。

② 活动流程与指导建议。

a. 种植指导教师讲解耕作和种植的流程,演示农机和农具的操作和使用方法,讲解注意事项。

b. 学生学习劳动用具的操作要求及注意事项;两人一组,动手操作;小组成员相互协助,纠正指导;教师巡回指导。

c. 农业机械耕作操作要领和步骤。

• 学生到操作机器前,站到指定位置,启动机器,注意机器状态,防止熄火等。

• 双手稳稳地掌控住机器。防止机器动力过猛造成地块平整度不均。

• 按照基准线方向操作机器,应特别注意到地头时机器转弯的操作,防止机器偏斜。如果遇到机器抖动或停止不动,必须立即熄火,不可自行处理。

d. 操作练习安全注意事项。

• 着装要求:长发要扎起,穿好劳动服,衣袖口要束紧。

• 操作要求:双脚要稳,双手要用力均匀,注意动作与机器的协调,要与农具尖、刃等保持一定的距离。

e. 地块耕作和种植。

• 操作机器带动耙地装置,对土地进行趟平操作,根据种植作物行距和株距,并考虑浇水、施肥、排涝等因素,进行起垄挖沟作业。

• 将需要定植或栽种的作物准备好,按照株距和行距的要求刨坑,栽种作物苗或种子。刨坑深度要合适,栽种时要注意作物苗的幼根和种子填埋土的深度。

③ 交流展示、总结评价。

a. 各组代表汇报劳动心得。

b. 学生交流讨论各组的成果。

c. 完成活动评价表。

活动评价表

评价内容	自评 ☆☆☆☆☆	组评 ☆☆☆☆☆	师评 ☆☆☆☆☆
积极参加方案研讨,提出合理建议			
交流时能认真倾听并指出问题			

续表

评价内容	自评 ☆☆☆☆☆	组评 ☆☆☆☆☆	师评 ☆☆☆☆☆
基本了解农作物的生长过程			
制定种植方案时态度认真			
方案具有可行性			

我的收获:

4. 第四单元:我是农技师

(1) 第12课时:我的农业设施与装备。

① 活动准备。

a. 查阅资料,做好相关知识储备。

b. 把小组制作好的水肥一体化装置准备好,并准备好相关工具。

c. 准备好滴灌系统用到的材料和工具。

d. 准备好种植管理用到的杀虫灯、肥料、农药、喷雾器等。

② 活动内容。

a. 安装水肥一体化装置,布设滴灌管网。

b. 布设防草地布,注意不要伤到种苗。

c. 安装杀虫灯等。

d. 组员之间注意相互配合、明确分工,特别注意要保护好作物。

(2) 第13～15课时:种植管理。

① 活动准备。

a. 准备好工具和材料。

b. 确定组员分工,做好记录。

② 活动内容。

a. 根据选种作物的生长阶段,适时进行除草、病虫害防治和施肥、浇水、管理等。

b. 着重了解病虫害,学会使用喷雾器,选择合适的生物农药进行喷洒。

c. 通过土壤墒情判断,利用滴灌系统进行浇水。

d. 根据作物的长势判断作物对养分需求的情况,了解不同生长阶段植物对养分的需求。充分利用好自己设计的简易水肥一体化装置和滴灌系统。

e. 设计观察记录表,坚持记录,写观察日记,为农作物画像、拍照等。可以把植物患病的照片和缺乏营养、干旱、缺水的照片提供给 AI 建模数据库,作为植物保护的大数据内容。

③ 交流展示、总结评价。

a. 各组代表汇报劳动心得。

b. 学生交流讨论各组的成果。

c. 完成植物生长记录表。

植物生长记录表

阶段	植株管理	养分情况	病虫害情况
苗期			
花期			
结果期			

我的收获:

5. 第五单元:丰收

(1) 第 16~17 课时:我的收获。

① 活动准备。

a. 了解采摘工作的流程、内容及使用的工具,了解采摘后加工、存储、销售等环节的工作内容,了解作物采收后植物秸秆和藤蔓的处理方式。

b. 准备好采收用到的工具。

c. 准备好品尝劳动果实所需要的刀具、餐盘等。

② 活动流程与指导建议。

a. 认识果实,研究采摘方法。

b. 了解采摘工具和使用注意事项等,开展采摘活动。

c. 品尝自己的劳动果实。

d. 了解加工流程和认识加工设备;认识包装设备,了解包装要求。

e. 认识保鲜库,了解果蔬保鲜过程中要注意的各种数据指标和要求。

f. 对采摘的果实进行分拣、存储等。

g. 了解植物秸秆和藤蔓的处理方法。

h. 对秸秆和藤蔓进行处理,为下季种植做好准备。

③ 交流展示、总结评价。

a. 各组代表汇报劳动心得。

b. 填好营养表。

果蔬营养表

果蔬名称	果实形状	营养成分	备注
西红柿			
辣椒			
……			

我的收获:

(2) 第18~19课时:我的菜市场。

① 活动准备。

a. 提前准备场地。

b. 准备产品销售需要用到的电子称等。

c. 明确小组分工,做好账目管理。

② 活动流程与指导建议。

a. 小组讨论分工,了解果蔬产品的销售流程。

b. 选择好摊位,制定好销售策略。

c. 在销售中根据销售情况调整销售策略,以获得收益。

③ 交流展示、总结评价。

a. 各组代表汇报销售心得。

b. 讨论产品销售渠道,制订计划销售自己的产品。

六、课程评价

（1）每个小组展示并汇报自己的活动过程,汇报内容包括活动成绩展示及解说,学科知识应用和融合方面,改进优化策略及反思,小组分工合作情况。

（2）根据小组中每个成员在本课时中的参与程度、合作情况、创新意识、学习态度、探究水平等制定评价表,根据该表进行自评、组评、师评。

活动过程性评价表

评价内容	评价等级及标准			评价方式		
	A	B	C	自评	组评	师评
参与程度	积极举手发言,积极参与讨论与交流	能举手发言,能够参与讨论与交流	较少举手发言,较少参与讨论与交流			
合作情况	团结合作,在小组中起领导作用,吸收、接纳他人给出的建议,并能帮助其他小组成员,贡献较大	帮助协调、推动整个小组的工作,鼓励其他成员;工作至最后一刻,对劳动成果有一定的贡献	参与讨论和相关工作,并对最终成果进行评价			
创新情况	有明显的创新意识,且观点有一定的合理性	有一定的创新意识	能开始培养创新意识			

续表

评价内容	评价等级及标准			评价方式		
	A	B	C	自评	组评	师评
学习态度	刻苦钻研,积极主动交流、思考、回答问题,努力争取出色地完成任务	认真听讲,参与交流,努力完成自己的任务	认真听讲,在同伴的帮助下完成任务			
自主探究	有强烈的求知欲,不断提出与任务相关的问题,并独立寻找解决办法,不放弃	能够提出与主题相关的问题,能自己进行探究或与同伴讨论寻求解决途径	能提出问题,但有时偏离主题,能对遇到的问题进行一些探究,但缺乏毅力,喜欢依赖同伴			

活动结果性评价表

评价标准		优秀(9~10分)	良好(7~8分)	一般(4~6分)	较差(1~3分)
方案设计（占比60%）	活动方案的可行性				
	活动任务设计				
	活动的组织保障				
	活动方案的效果				
简易水肥一体化装置和滴灌系统设计（占比30%）	系统的合理性				
	装置的稳定性				
	装置的美观性				
	功能的实现程度				
其他（占比10%）	活动任务的完成情况				
	小组成员的分工合作情况				
	小组汇报的情况				

课程16 太空历险

一、课程背景

本课程是淮海儿童友好中心校外教育基地"科技向未来"系列课程之一。

当今世界综合国力的竞争,关键是科技的竞争、是科技教育的竞争。党的二十大为我们描绘了全面建设社会主义现代化国家的宏伟蓝图,科技冬奥惊艳世界、中国空间站"T"字基本构型如期完成、"中国天眼"再立新功、Deepseek 横空出世……我国重点领域关键核心技术实现新突破,科技体制改革向纵深推进,战略科技力量加快壮大,科技创新成果丰硕。

淮海儿童友好中心校外教育基地具备 4 000 平方米室内教学实践空间、9 000 平方米户外教学实践空间,基地有着丰富的科技资源和太空探索场景,可以供孩子进行多方面的科学创新创造活动体验。本课程旨在让学生了解科学、热爱科学、研究科学,培养学生对太空的兴趣爱好,激发学生的思考与想象力,促进学生动手动脑,培养学生科学探究的精神。

二、课程目标

(一)价值体认

利用基地丰富的课程资源,结合 VR 虚拟现实技术让学生沉浸式体验太空的奥秘,激发学生对太空的向往和好奇心。

(二)责任担当

在太空探索的过程中,学生不断深化对地球家园的认识,了解地球的生态环境问题以及科技的进步,培养家国情怀,提升对环境保护的责任意识。

（三）问题解决

在我要去太空、建设太空中转站等系列活动中,想象在太空探索中可能遇到的问题,并利用所学知识解决问题,培养面对真实情境解决复杂问题的能力和创新创造的能力。

（四）创意物化

在太空探索的过程中,通过查阅资料、小组交流,制作飞船模型、太空基地模型,撰写太空探索小故事、小品剧,激发对宇宙奥秘的好奇心。

三、活动实施

（一）项目一：我要去太空——太空历险飞船我设计

1. 活动目标

（1）通过对飞船框架的设计以及旅途畅想,结合基地的科技资源,感受太空的奥秘,在设计过程中提升审美意识、体验设计的成就感。

（2）通过对外太空探索的思考,进一步提升对地球家园的热爱,在活动中学会帮助他人,提升服务社会的能力。

（3）通过与同伴的交流及对各组方案的完善,发现并解决飞船模型设计中遇到的问题,提升解决问题的能力。

（4）经过不断尝试优化设计方案,制作并完善有创意的飞船模型。

2. 活动准备

（1）教师准备。

① 联系基地负责人,完成相关场景资源的布置。

② 了解飞船模型的设计过程,准备制作飞船模型的工具和材料,如飞船模型、3D打印笔、3D打印机、橡皮泥、陶泥等。

③ 布置及指导学生进行飞船模型的设计。

（2）学生准备。

① 查阅资料,了解人类探索太空的相关故事,收集相关运载火箭和飞船的资料。

② 实地采访相关专家或教师,整合资料,了解航空知识和飞船的造型与

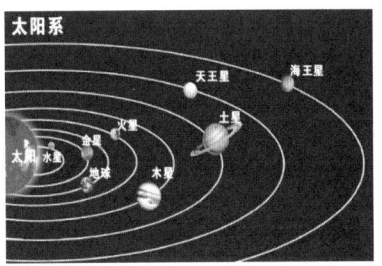

功能。

③ 各组制作、分享PPT,初步商讨资料的使用及飞船模型的搭建。

3. 活动过程

(1) 第1课时。

① 活动一:想象中的太空飞船。

a. 学生领队组织各小组展示自己收集的关于太空飞船的儿童简笔画、电影中的太空飞船等资料,并提出活动要求。

• 仔细观察并思考,自己心目中的太空飞船有什么共同点以及这些共同点的作用。

• 科幻电影中的太空飞船有什么特点?

• 简笔画中的飞船和科幻电影中的飞船有什么异同?结合自己对太空知识的了解,思考这些设计是否合理。

b. 各组进行汇报并总结太空飞船的共同点,教师进行补充并引导学生对太空飞船的功能和结构进行深入思考,培养学生的发散思维,激发学生的想象力。

② 活动二:现实中的太空飞船。

学生领队播放我国神舟飞船的发射场景视频,出示神舟飞船模型,并提

出活动要求。

　　a. 各组分别介绍神舟飞船各部分的结构及作用。

　　b. 畅想随着科技的进步我们可以对飞船进行哪些改进。

小组介绍飞船结构并进行畅想

小组名称	介绍内容	科技畅想
第一组	轨道舱	
第二组	返回舱	
第三组	推进舱	
第四组	附加段	

③ 活动三:我心目中的太空飞船。

a. 各小组采用绘画、3D设计、3D打印、橡皮泥制作等多种形式,结合对飞船的了解,合理分工设计心目中的太空飞船。小领队提出设计与讨论要求。

- 采用自己擅长的形式展开设计。
- 设计的飞船符合太空探险要求,有一定的创意。
- 积极参加讨论,勇于提出建议。

b. 教师巡视了解学生的设计进展,对有需要的小组开展针对性的指导。

④ 活动四:评价与反思。

a. 结合评价量表开展自评、组评、师评。

活动评价表

评价内容	自评 ☆☆☆☆☆	组评 ☆☆☆☆☆	师评 ☆☆☆☆☆	评价说明
积极搜寻太空飞船的相关资料并在组内展示,收集的资料有一定的代表性,获得同学们的认可				优秀:获得48颗星及以上;良好:获得36~47颗星;及格:获得24~35颗星;不及格:获得23颗星及以下
在小组合作过程中有自己的任务分工,积极参加小组交流,在讨论时主动发言				
参与方案的设计并提出自己的见解				
设计的飞船有一定的创意,外形美观				

我的收获:

b. 学生从能否积极参加小组活动、设计的作品是否有创意等方面谈谈收获、感受。

c. 教师对学生的表现给予充分的肯定,谈谈自己的感受。

(2) 第 2 课时。

① 活动一:小组汇报,介绍设计。

a. 学生领队介绍各组前期设计太空飞船的相关工作,并出示相关图片或视频,对各组前期设计完成情况表示赞赏,同时提出本次汇报活动的要求。

- 时间不超过 2 分钟。
- 要对自己的设计意图进行解说,重点介绍创意设计。
- 各组要认真聆听并记录设计的优缺点。

b. 各小组进行展示。

② 活动二:组间质疑,研讨问题。

a. 学生领队提出下列问题,要求开展小组讨论。

- 我们设计的飞船模型功能是否合理? 是否能够满足太空探索需求?
- 飞船的设计是否合理? 有没有什么不足? 理由是什么?
- 设计的飞船外观如何? 创意设计是如何体现的?

b. 学生开展小组讨论,教师巡视指导。

- 各组针对问题开展讨论,进一步分析其他组设计的优点和不足,反思本组问题。
- 教师巡视指导,注意观察各组是否完成任务,对未完成任务的小组给出建议,对无意义争执或过激言论及时制止,对远离讨论主题的话题及时引导……

c. 各组采用头脑风暴的方式开展组间质疑,被质疑的小组进行问题解答。

d. 教师肯定学生的创意,根据学生的情况进行指导,鼓励学生进一步完善作品。

③ 活动三:优化飞船模型。

a. 各组根据组间质疑的问题和老师的点评进一步完善作品,特别要注意让设计更有创意。

b. 各小组展开研讨。

c. 教师巡视了解学生的设计改进进展,对有需要的小组开展针对性的指导。

- 飞船的轨道舱、返回舱、推进舱等应结构合理、尺寸比例合适。
- 飞船的外观要有特色,可以适当发挥想象力。
- 可以对未来的科技成果进行畅想,让飞船的设计更有创意。

d. 各组依次展示,小组代表发言介绍优化成果。

e. 小领队请教师对汇报情况进行点评。

f. 教师鼓励学生继续优化飞船设计、完善飞船模型。

4. 评价与反思

(1) 结合评价量表开展自评、组评、师评。

活动评价表

评价内容	自评 ☆☆☆☆☆	组评 ☆☆☆☆☆	师评 ☆☆☆☆☆	评价说明
在讨论时积极发言				优秀:获得48颗星及以上;良好:获得36~47颗星;及格:获得24~35颗星;不及格:获得23颗星及以下
积极参加小组合作交流				
参与方案的设计并提出自己的见解				
设计的作品有一定的创意,外形美观				

我的收获:

(2)学生从能否积极参加小组活动、设计的作品是否有创意等方面谈谈收获、感受。

(3)教师对学生的表现给予充分的肯定,谈谈自己的感受。

(二)项目二:星空上的世界——星球沙盘的制作

1. 活动准备

(1)教师准备。

a. 与基地沙盘教师交流沟通,做好活动方案。

b. 基地相关场景的视频资源。

c. 设计制作的工具和材料。

d. 沙盘制作说明书。

e. 布置及指导学生进行创意制作。

(2)学生准备。

a. 查阅相关资料,学习八大行星的地质地貌等特点,学习制作沙盘的方法、技巧及注意事项。

b. 实地考察基地资源,对沙盘制作进行初步设计。

c. 小组分工,梳理问题,展示汇报。

2. 活动过程

(1)活动一:快乐聊天室。

a. 播放录像,回顾基地教师带领学生探秘太空光影仓了解八大行星、在虚拟MR场馆中体验八大行星的情景。

b. 小组讨论:你最喜欢哪一个星球?它有什么特点?根据它的特点如何制作星球沙盘?在制作沙盘之前你会遇到哪些困难?

(2)活动二:方法加油站。

a. 各小组向教师提出制作星球沙盘可能会遇到的问题。

b. 邀请基地的沙盘教师做专业的指导,解决学生们的提问、教学生们认识制作工具、演示讲解沙盘的制作过程以及说明注意事项等。

(3)活动三:合作俱乐部。

a. 小组合作在草稿纸上构思星球的基本地貌。

b. 根据沙盘制作说明书,在基地教师的指导下制作星球沙盘。

沙盘制作说明书

材料:泡沫板、美工刀、剪刀、塑形布、造景泥、塑形刀、白乳胶(热熔胶)、超轻黏土、刷子。

步骤1:用铅笔在高密度泡沫板中勾画出构思好的星球基本地貌形状,有撞击坑、高地、平原和峡谷等。

如月球:撞击坑、环形山、月陆和月海等;火星:高原火山、峡谷、撞击坑、洞穴等。

步骤2:用美工刀切割出地貌。用切碎的泡沫或者超轻黏土堆砌高地(山体),用白胶或热熔胶粘合固定。撞击坑制作过程中注意洼地与平面的过渡。

步骤3:用清水把塑形布弄湿后,覆盖在泡沫板上,过程中不用把塑形布和泡沫板贴得太紧,否则山体看上去显得太僵硬。覆盖完成后静置2分钟,等待塑形布干透之后,表面就是硬邦邦的了。

注意:每一处泡沫板(高地)都要有一个过渡,要把高地的坡度体现出来。

步骤4:选择星球适配色的造景泥铺满模型(工具:塑形刀、小刷子),均匀涂抹、晾干就大功告成了。

(4)活动四:成果展示秀。

① 分小组汇报。

a. 月球组。汇报要点:制作月球沙盘时需要哪些材料;月亮表面的结构有什么特点;如何用材料制作沙盘模型。

b. 火星组。汇报要点:火星的颜色和地貌有什么特点;打算制作哪些地貌特征;为了可以在火星上生存,可以设计哪些独特的结构。

② 各小组分别对星球沙盘的制作进行点评,说亮点、提意见,基地教师补充总结。

(5)活动五:评价与反思。

① 结合评价量表开展自评、组评、师评。

② 课后查阅相关资料展开创意设计,咨询基地教师进一步优化作品。

活动评价表

评价内容	自评 ☆☆☆☆☆	组评 ☆☆☆☆☆	师评 ☆☆☆☆☆	评价说明
积极参与组内讨论,并发表自己的观点				优秀:获得48颗星及以上;良好:获得36~47颗星;及格:获得24~35颗星;不及格:获得23颗星及以下
积极参与小组合作,能提出有价值的问题或见解				
参与作品的制作并初步掌握设计与制作的基本技能				
制作的星球沙盘有一定的创意,兼具科学性与美观度				

我的收获:

(三)项目三:我的太空能源补给站

1. 活动准备

(1)教师准备。

① 基地相关场景的视频资源。

② 设计、制作的工具和材料,如颜料、纸杯、瓦楞纸、点胶、超轻彩泥、铁丝、木棍、造型泡沫、锡纸等。

③ 布置及指导学生进行创意设计及能源补给装置的制作。

④ 学生学习档案袋。

(2)学生准备。

① 查阅资料,了解太空的生存条件、八大行星的外部环境、建造太空能源补给站的方法、四大能源补给站的能源收集方法和补给特点等。

② 实地考察基地的资源,对能源补给装置进行初步设计。

③ 分组准备,并做好作品展示汇报。

2. 活动过程

(1) 活动一:走进"太空探险记"节目组。

学生在基地进行了实地考察,和专家进行了互动交流,并且完成了草图设计,做了材料的收集工作。结束实地考察后,太空探险小分队队长(学生)化身节目主持人,主持本次活动,播放视频回顾各组开展的前期准备工作。

① 主持人开场介绍。

主持人:各位观众,大家好!欢迎来到"太空探险记",我是本期太空节目的主持人。首先,请大家跟随我们的镜头,一起来回顾一下我们的小探险家们在上期节目中都做了哪些工作。

② 视频回顾,要点如下。

a. 学生在基地开展丰富多彩的活动。

b. 学生沉浸式地体验虚拟现实场景,和专家进行交流并提出自己的疑问。

c. 各组学生进行讨论、交流,构建自己的设想。

d. 学生在基地寻找各种材料,初步设计各组太空基地的模型。

③ 主持人宣布汇报前期的工作。

主持人和学生互动,介绍前期的工作要点,以及和老师、专家的互动过程。

④ 主持人展示驱动型任务:为了更好地向外太空探索、解决太空中能源缺失的问题,请各组学生合理分工设计一个能够满足飞船能源补给的装置。

⑤ 学生代表介绍前期准备工作。

汇报要点:各位学生的分工;遇到的困难;做了哪些准备,比如查阅资料、设计草图等;选择在哪个星球建立太空能源补给站,并说明理由;为了完成设计需要准备哪些材料。

(2) 活动二:制作太空中的能源补给站。

① 主持人宣布制作开始。

主持人：听了同学们的介绍，我们了解到为了建设太空能源补给站大家前期做了大量的准备工作，现在我看到同学们已经摩拳擦掌准备要动手制作了，让我们开始吧！

② 学生动手创作，教师巡视指导。

（3）活动三：展示汇报太空能源补给站。

① 主持人宣布各组进行汇报、展示设计成果（作品＋草图），其他组认真聆听并记录设计的优缺点。

主持人：请各组同学选出代表将本组初步设计的作品展示出来，并通过设计初稿介绍本组的作品。

② 各小组代表展示、介绍作品。

介绍要点：能源补给车采用的能源类型以及设计原理；能源补给车在外观造型上和材料运用上有何特别之处；能源补给装置能否满足所在星球的使用需求和气候特征。

小组汇报作品

组别	汇报内容
太阳能补给组	
核能补给组	
风能补给组	
化学能补给组	

③ 其他小组进行点评。

(4) 活动四:专家点评太空能源补给站。

① 主持人宣布,邀请儿童友好中心基地的专家对学生的设计进行点评。

② 专家点评,要点如下。

a. 对学生的设计作品进行鼓励。

b. 从自身的专业角度对学生的设计提出建议,列举太空探险的一些例子进行讲解。

c. 建议学生增加创意,并列举观点。

(5) 活动五:创意提升,show 出我的太空能源补给站。

① 主持人对专家的点评表示感谢。

② 各小组根据专家的点评以及同伴间的互评,针对问题开展讨论,进一步分析其他组设计的优点和不足,反思本组问题。对能源补给基地的装置设计进一步优化完善,思考如何让自己的设计更有创意。

③ 教师巡视了解学生的设计改进进展,对有需要的小组开展针对性的指导。

④ 主持人组织各组展示优化后的成果,请部分小组代表发言,介绍优化成果。

3. 评价及总结

(1) 教师对学生的汇报情况进行点评,鼓励继续完善设计。

(2) 结合评价量表开展自评、组评、师评。

活动评价表

评价内容	自评 ☆☆☆	组评 ☆☆☆	师评 ☆☆☆	徽章奖励
积极收集、了解太空及八大星球的知识,并在组内讲给同伴听,获得同学们的认可;在小组合作中充分发挥太空小博士的作用				太空小博士徽章

续表

评价内容	自评 ☆☆☆	组评 ☆☆☆	师评 ☆☆☆	徽章奖励
积极参与各种补给装置的方案草图设计并提出自己的见解,获得同学们的认可;在小组合作中充分发挥太空工程师的作用				太空工程师徽章
积极参与组内讨论活动,设计的作品有一定的创意,外形美观;对本组的作品提出修改和创意提升的建议,发表的观点获得同学们的认可;在小组合作中充分发挥太空创意家的作用				太空创意家徽章
在小组合作过程中积极主动,充分发挥太空指挥官的作用,合理分工组员的任务;有责任心、有担当,获得同学们的认可				太空指挥官徽章
有着坚定的信念,不惧困难,勇于尝试,挑战自我,充分表现了不怕困难、敢于冒险的精神				太空冒险家徽章

我的收获:

徽章奖励标准:单项评价环节中至少获得 6 颗星以上。

我可以获得的徽章是:＿＿＿＿＿＿＿＿＿＿＿＿＿＿＿＿＿＿

(3) 请其他专家为获得徽章的学生颁奖。

(4) 教师对学生的表现给予充分的肯定,谈谈自己的感受。